国学名著导读·哲学卷

有知识就有一切

苏禅悦◎编著

北京理工大学出版社
BEIJING INSTITUTE OF TECHNOLOGY PRESS

图书在版编目(CIP)数据

国学名著导读·哲学卷：有知识就有一切/苏禅悦编著.—北京:北京理工大学出版社，2014.5

ISBN 978-7-5640-7795-2

Ⅰ.①国… Ⅱ.①苏… Ⅲ.①国学-通俗读物②哲学-中国-通俗读物 Ⅳ.①Z126-49②B2-49

中国版本图书馆CIP数据核字(2013)第311884号

出版发行/北京理工大学出版社有限责任公司
社　　址/北京市海淀区中关村南大街5号
邮　　编/100081
电　　话/(010)68914775(总编室)
　　　　　82562903(教材售后服务热线)
　　　　　68948351(其他图书服务热线)
网　　址/http://www.bitpress.com.cn
经　　销/全国各地新华书店
印　　刷/香河宏润印刷有限公司
开　　本/710毫米×1000毫米　1/16
印　　张/15
字　　数/210千字
版　　次/2014年5月第1版　2014年5月第1次印刷
定　　价/32.00元

责任编辑/张慧峰
文案编辑/张慧锋
责任校对/周瑞红
责任印制/边心超

序

要面包，也要哲学

宋代诗人黄庭坚曾经说过："人胸中久不用古今浇灌，则尘俗生其间，照镜觉面目可憎，对人亦语言无味。"诚哉此言！若你幸运地拥有着一副姣好的面容，但如果"语言无味"，终归是要令人生厌的。汉代才女蔡文姬曾说："世人凡知饰面而不知修心。面不饰，愚者谓之丑；心不修，贤者谓之恶。面丑犹可，心恶尚为人乎？故揽镜拭面，则心当洁净。"总之，饰面更要修心，而修心的途径之一便是阅读。可是，读什么，怎么读？种种问题与困惑接踵而至。如果大家有过置身浩瀚书海的经验，就会同意我的看法。台湾大学哲学系教授傅佩荣先生曾经坦言自己在耶鲁大学的图书馆里，面对着几乎与屋顶齐高的书架，内心生出的竟是一份绝望的情绪。因为，即使皓首穷经，不吃不喝，不休不眠，也难以读完全部的书籍，何况少年易老学难成呢！

所以，我们要先挑最重要的，也是最根本的书籍来读。如果你到过图书馆，并且留心地观察过，就会发现，每本图书都有一个编号，而编号为"1"的通常是哲学。为什么把"哲学"放在第一位呢？如果把哲学当作"1"，而人生的其他努力当做"1"背后的"0"。那么，只有当"1"存在的时候，其他努力才不会白费。如果没有"1"，"0"再多也只是"0"，"1"是前提，是基础。实际上，人人都离不开哲学。哲学并不像人们想象的那么深奥，所谓"道不远人"，哲学也总是在我们的身边，而且有着重要的地位。

著名学者冯友兰在他的专著《中国哲学简史》中写道："哲学在中国文化中所占的地位，历来可以与宗教在其他文化中的地位相比。"首先，我们要明白"宗教在其他文化中的地位"如何？就以基督教为例，我们常常在电影里看见这样的画面，一家人围坐在餐桌边，吃饭之前，他们总是要在胸前划十字，嘴里念念有词，感谢上天赐予他们食物。倘若他们遇到了困难，便向上帝求助，希望上帝能够帮助他们渡过难关，而且如果他们足够虔诚的话，往往会有奇迹降临到他们身上。倘若他们做错了事情，则无一例外地要到神父面前去忏悔，如此才能够求得心安。总之，真正的信徒每天都要重复这些仪式，就像吃饭睡觉一样自然。宗教对于虔诚的教徒来说，已经成为生活中不可或缺的一部分，他们也并不觉得麻烦，反而从中获得了人生的信仰与希望，心灵的明净与晴朗。

可是，中国的知识分子自古就有"敬鬼神而远之"的传统，他们对鬼神总是处于半信半疑之间，不像基督教徒那样笃信：除了人间之外，还有天堂与地狱，天使与魔鬼的存在。他们甚至热衷于探讨一个针尖上能够站多少位天使。也许有人会说：在我国底层的百姓当中，照样流传着许多神魔鬼怪的传说。但是，这些传说仍然停留在比较浅薄的层面，尚未达到信仰的高度，大多是一种迷信。而且他们迷信的对象也是五花八门，林林总总。人们烧香请愿，多是为了祈求今生今世的利益，比如升官发财、求子得福、祛病消灾、祈求良缘，等等，并不构成真正的宗教信仰。

那么，当我们的内心充满迷雾的时候，用什么来使我们的心灵趋于明净和晴朗呢？我们没有宗教信仰，没有上帝的指引，但是，我们却有古代圣贤流传下来的哲学宝典。诚如西方一句流行谚语所说："哲学不能制成面包，却能使面包增加甜味。"我们的人生当然都离不开面包，面包代表一个人存活的物质基础。但是，如果没有哲学，这个面包就食之无味，甚至这个面包里面有毒，我们都没有能力分辨出来。哲学可以助我们练成火眼金睛，灵敏头脑。所以，如果想要活得更好，使我们的人生不至于陷入盲目的话，那么，读一读哲学，是十分有必要的。我国古代的哲学，可以说是我们安身立命的良方，也可以说是强心健脑的精神食粮。

过去，孩童入学，私塾先生首先要让他们读“四书”，也就是名传千古的儒学经典著作：《论语》《孟子》《大学》《中庸》。这四部书里面包含着许多我国古代圣贤的哲学思想。一来可见哲学之重要，二来可见哲学并不深奥，尤其是中国的哲学，有些都是非常朴素的人生道理，只是大家都没有想到而已。一旦说出来了，大家也就明白了，而且可能会受益终生。比如孟子所谓的“强行者有志，不失其所者久”，以及《易经》里提到的“天行健，君子以自强不息。地势坤，君子以厚德载物”不知鼓舞了多少世人。

哲学在西方，按字面上的理解，是“爱智慧”的意思。傅佩荣教授解释这个“爱”为“温和而理性的爱”。这种爱，是一种追求。所谓爱智慧，也就是追求智慧，探索智慧。中国的哲学，多是围绕着人生的具体问题而展开的，遵循的是实用主义的原则。学好了哲学，就相当于拥有了一个随身携带的智囊团，何乐而不为呢？

当今的社会充满了种种诱惑，人心总是抑制不住地浮躁。如果禁不住诱惑，内心无法安定的话，就什么事情也做不成。想要把心安定下来，读经是一个非常有效的方法。《大学》里说：“知之而后能定，定而后能静，静而后能虑，虑而后能得。”我们现在的问题是，许多人只想着“得”，却不知道只有“知”“定”“静”“虑”之后，才能有所得。而追溯“得”的源头，则是要“知”。“知”是指什么呢？首先，它指我们要明确自己的目标、原则和立场等。浅显地说，也就是我们要明白自己想要什么。这个问题看起来容易，其实回答起来并不简单。不信，你问问自己，你想要什么呢？你会发现，要么你回答不出来，要么，就是你想要的东西太多了，它们之间常常还会发生冲突。

此外，“知”还指你对事物的正确的看法。这个也有难度。比如，你认为什么是孝顺呢？孔子的学生也曾问过：“如何是孝？”孔子针对不同的学生，给出的答案各不相同。比如，孟懿子问孔子什么是孝，孔子说：“无违。”而孟武伯问孔子什么是孝，孔子却说：“父母唯其疾之忧。”意思是，使父母只担心子女的疾病问题，其他方面不要父母操心。而子夏问孝，孔子则说“色难。”意思是要能够给父母好脸色看，也就是孝了。你或许会疑惑，孔子怎么前后的说法都不一致呢？如果你知道这是孔子因材施教的方法，便豁然开朗了。所以，想要获得对一件事物正确的看法，也不是容易的事情。学习哲学也是这样，切忌只见树木不见森林，也要通过比较见真知，锻炼自己的思考能力。

尤其是在资讯发达的今天，我们能够从报纸、电视、网络等多种渠道获取许多信息。但是，这里面有许多信息垃圾。我们要懂得区分资讯、知识与智慧的差别。英国诗人艾略特曾经说过一段耐人寻味的话，他说：“我们在资讯里面失去的知识，到哪里去了？我们在知识里面失去的智慧，到哪里去了？”

可见，资讯、知识、智慧并不是同一个东西。我们掌握了资讯，并不代表我们拥有了知识。而拥有了知识，也并不代表获得了智慧。其中，资讯的范围最广，也最杂，可指我们看到、听到的一切信息，包括电视广告、新闻报道、娱乐八卦，等等。许多资讯都是没有价值，甚至是虚假骗人的。所以，我们需要通过学习获得真正的知识，以便具备辨别是非的能力。在拥有知识的基础上，再通过思考、领悟，获得智慧，而哲学便是这些智慧的结晶。

目录

contents

第一部分　天地之间的奥秘：说《易》

第一章　群经之首，万经之王 / 4

第一节　《易经》入门 / 4

第二节　所谓八卦 / 11

第三节　活学活用八卦 / 20

第四节　象数派与义理派 / 24

第五节　模糊数学的先驱 / 30

第六节　六十四卦的启示 / 34

第七节　《易经》中的糟粕 / 39

第八节　名人如何学《易经》/ 44

第九节　如同把玩古董一样 / 47

第二部分　不可不察的智慧：解“儒”

第二章　无“孔”不入——《论语》/ 57

第一节　天以百凶成就一哲人 / 57

第二节　半部论语治天下 / 67

第三节　原著选读：一句话，一辈子 / 74

第三章　如何成为辩论高手——《孟子》/ 84

第一节　大丈夫，还是贱丈夫? / 85

第二节　充实之谓美 / 88

第三节　原著选读：《孟子》中的微言大义 / 92

第四章　与孟子唱反调——《荀子》/ 102

第一节　最为老师 / 103

第二节　哲学也疯狂 / 108

第三节　原著选读：淑人君子如何养成 / 112

第三部分　神奇瑰丽的世界：释“道”

第五章　道可道，非常道——《道德经》/ 123

第一节　老子其犹龙乎 / 124

第二节　处世奇术，做人奇境 / 127

第三节　原著选读：五千言内隐玄关 / 131

第六章　奇葩独放——《庄子》/ 137

第一节　会讲故事的自由男神像 / 137

第二节　维以不永伤 / 142

第三节　原著选读：故事会 / 146

第七章　悲情世界——《淮南子》/ 156

第一节　二世含冤 / 157

第二节　牢笼天地，博极古今 / 160

第三节　原著选读：奇物异类，鬼怪神灵 / 163

第四部分　争奇斗妍的景象：杂家

第八章　平民哲学家——《墨子》／175

第一节　第一个反“孔”的人／176

第二节　《墨子》的十大主张／180

第三节　原著选读：大义·大利·大爱／185

第九章　以法为教——《韩非子》／193

第一节　战国时期的“犀利哥”／194

第二节　毁誉参半的东方马基雅维利／198

第三节　原著选读：听犀利哥说故事／203

第十章　抽象思维的重要著作——《公孙龙子》／212

第一节　这个“名家”不大有名／213

第二节　诡辩与反诡辩／218

第三节　原著选读：又见奇书／223

第一部分　天地之间的奥秘：说《易》

据说，很久很久以前，天与地还没有分离，宇宙是一片混沌，看上去像一个浑圆的没有空隙的鸡蛋，更像一个黑色的没有开口的布袋。总之，到处都是黑暗，真正地伸手不见五指。置身其中，简直就要被浓重的黑暗窒息了一般。在古代的神话中，有一位英雄在这样混沌的黑暗中沉睡了一万八千年，他的名字就叫作盘古。盘古的相貌十分俊朗，一头披肩的长发，身着草裙，一副原始野人的形象。他的肌肉十分发达，给人一种充满力量的男性之美。在一些现代的雕塑当中，盘古手里总是拿着一把巨斧。盘古睡了一万八千年之后，终于睡眼惺忪地醒来。他骤然地发现，醒来之后的世界竟然比他梦中的世界还要黑暗，他不禁感到疑惑，甚至恐惧。

盘古决定想一个办法，打破这没有边际的黑暗。想来想去，他觉得自己的身上，惟有牙齿是最坚硬的东西了。于是，他费力地拔下了自己的一颗牙齿。可是，这颗牙齿如此渺小，怎么能撼动混沌的宇宙呢？他却不管这些，使劲地用牙齿戳着四周。随着他心中的愿望越来越强烈，他的力量越来越大，奇迹终于发生了。他手中的牙齿，变成了一把利斧。他抡起斧子便朝黑暗砸去，凝固了一万八千年的混沌宇宙竟然被他给砸裂了一道口子。他从这道口子中看到了希望，欣喜若狂。于是，他不断地挥动斧头，直至一股强大的气流穿过他的身体冲出黑暗。

那股气流引起了他的好奇。于是，他停下了斧子，仔细观察着那股气流。最初，他的眼睛仍然什么都看不见。然而，不知不觉间，天空竟然渐渐地明亮了起来，这时，他发现天地之间有一股清气正在上升，而一些浑浊的尘埃似的东西正在下沉，天空变得越来越清明，大地也变得越来越厚实。于是，他想站起来好好地感受一下大地的厚实。但他发现，他简直无法直立起来。因为他的身材如此颀长，而天空却还在缓慢地上升中，根本就不够他直起身子。

他便坐在地上沉思："该怎么办呢？在等待天空升到足够的高度之前，恐怕自己得一直坐着，也没有办法活动。而且，若是人们生活在这样狭小的天地之间，该有多么憋屈啊。"最终他决定用手托举起天空。他试着撑了一撑，惊喜地发现，他竟然能够推动天空。于是，他双手托举着天空缓缓地站了起来，天空便与他一样高了。他终于可以自由地活动了。

这样一来，天地之间也适宜人类居住了。于是，人类开始在地面上繁衍起来。盘古看到这么多人，一方面感到高兴，终于有人与自己做伴了。另外一方面，他开始担心起来。要是天空万一塌了下来，岂不是会把这些人都砸死？他希望可以把天空推得更高一些。他决定施展法术。他再次撑起天空，每天长高一丈，天空也每天升高一丈。盘古用尽了所有的力气，天空总算够高了，即使砸下来，也不至于压碎大地了。但是，盘古却因为劳累过度而与世长辞了。据说，他的精魂在死后变成了人类，所以，人类才被称为万物之灵，天地之心。

中国古老的哲学由此萌生。天、地、人成为了重要的原素。后来的古代哲学多以此为依据。譬如《易经·说卦》里说："是以立天之道曰阴与阳，立地之道曰柔与刚，立人之道曰仁与义，兼三才而两之，故易六画而成卦。"意思是，《易经》里面的卦象，是根据天、地、人画出来的。每一个卦有六个爻，也就是我们看到的六条横杠。其中，有一条实线的，也有条中间断开的。实线的称为阳爻，而中间断开的称为阴爻。六个爻中，从下往上数，底下两条代表地，中间两条代表人，上面两条代表天。那么，一个卦便是天地人三者合一，便是一个宇宙。通过仔细地观察与辨认，便可以占卜人类命运的吉凶。总之，《易经》里面的学问极多，是非常能够锻炼人的想象力与思考力的。好好学习，一定能够受益终生。

第一章　群经之首，万经之王

《易经》是我国先秦时期流传下来的一部十分重要的文化著作，其中蕴含了丰富的各领域的思想，堪称一个“综合思想库”。易学专家金景芳教授称其“包括原始巫术、史学、哲学、数学、天文地理学、文字符号学、伦理学、美学与文艺学等诸多方面的文化资源”，是一部融中国古代命理、数理、哲理、心理、文理等于一炉的文化集成之作。《易经》在中华文化，乃至人类的文化史上都占据着重要的地位，可以和古代印度的《吠陀》，以及西方的《圣经》相媲美。

第一节　《易经》入门

《圣经》大家都已耳熟能详，它在西方文化中的地位无须赘述。《吠陀》大家也许还不大了解，《吠陀》是印度最最古老的文献材料之一，也是印度人民经年累月、世代相传的“启示录”。

由此可知，这三部经典的共同特点便是：古老、具备充足的智慧含量，地位崇高，对后世影响深远。

《易经》自诞生以来，不断地被后世的知识分子所使用、研究。就像《红楼梦》不断地被研究，并形成了“红学”这一文学派系一样。《易经》也在历代知识分子的重视与阐释之下，形成了“易学”。直至清代的乾隆年间，乾隆皇帝组织编撰《四库全书》，其中，《四库全书总目·经部·易类一》中说：“易道广大，无所不包。旁及天文、地理、乐律、兵法、韵学、算术，以逮方外之炉火，皆可援《易》以为说。”可谓对《易经》做出了高度的评价，亦可见《易经》的思想容量之大，寓意之深刻已经得到了学界的公认。

台湾大学哲学系教授傅佩荣先生说自己学《易经》有三个心得：一，不学一定不会；二，学了不一定会；三，学会终身受用。许多人视《易经》为天书，而一些研究《易经》的专家便于耳濡目染中沾上了“仙气”。我国著名道教学者、易学专家潘雨廷先生便是这样一位神奇的人物。据说，他长得有几分像罗汉，同时，又有几分像观音。德国的易学专家见到潘雨廷先生，都要情不自禁地行三跪九叩之大礼。

仙气往往是人们给吹出来的，我们不妨先来了解一些关于《易经》的基础知识。

第一，关于《易经》的名称问题。《三字经》里有云：“有连山，有归藏，有周易，三易详。”实际上已经告诉我们《易经》最初有三部著作，分别是《连山易》《归藏易》和《周易》。而《连山易》和《归藏易》早已经失传，流传下来的只有《周易》。

所以，我们把《周易》称为《易》，又称作《易经》。

第二，关于《易经》的作者。相传，它是由伏羲氏所创，并且经过周文王的整理，以及孔子的编订才得以保存下来。《汉书·艺文志》称赞这本书说：“《易》道深矣，人更三圣，世历三古。”也就是说，我们现在所见到的《易经》，实际上是由三位圣人先后合力完成的。先后经过三位圣人之手，自然不同凡响。而且《易经》的创作历经了上古、中古与下古三个时期，可谓源远流长，对后世的影响也极为深远。

其中，伏羲氏是通过仰观天象，俯察大地，而始作八卦，为“上古易”。接着，周文王在八卦的基础上，通过将其两两组合，排列出了64个重卦，并作爻辞，为“中古易”。后来，孔子为了能够让世人更好地理解《周易》，便于后人挖掘其中的思想宝藏，他撰写了《易传》，也称“十翼”。孔子在帮《周易》做宣传、做注解方面做出了一定的贡献。“十翼”这个名称也很形象，就像为《周易》添加了10对翅膀。《周易》得以展翅高飞，想不声名远扬也难啊。《周易》加上《易传》，真正是如虎添翼，而且还是十翼，实在是太给力了。

事实证明，孔子的努力没有白费。《易经》一直流传至今，形成了一门专门的学问，叫做“易学”。易学历经了汉唐宋元明清各个朝代，至今仍有学者在研究《易经》，比如著名的学者曾仕强，他把《易经》比作握在人们手中的一把“金钥匙”，而且这把金钥匙已经有七千多年的历史。可惜的是，至今仍然有许多人不知道如何去使用它，也并不知道这把金钥匙可以打开怎样的一座智慧的宝库。

此外，孔子还赋予了《周易》十分崇高的地位，尊称其为《易经》。要知道“经”在古代有着特殊的含义，只有被后世尊奉为典范的著作才有资格被称之为“经”。所以，“经”代表一种尊崇，一种肯定。就像是天使头上的光环，抑或选美小姐头上的冠冕，总之，“经”是一种发光物体。当一本书被贴上“经”的标签，说明它一定曾经引起过人们的重视，受到过人们的追捧。否则，这个名字不会无缘无故地产生。即使有人认为名字只是一个毫无意义的代号，名字当中蕴含着的人们的诸多期望与寄托也不容忽视。譬如父母给孩子取的名字，也是这样的道理。

从这个意义上来说，孔子可谓是《周易》的再生父母，而且著名的“韦编三绝”的故事，正是发生在孔子与《易经》之间。古代的书简多是用竹片制成，并且通过牢固的绳子将竹片按照次序连接起来便成为了一本书。可想而知，这样的书简拿到手里一定是沉甸甸的。就是这样一本书，孔子晚年的时候，反反复复，翻来覆去地阅读，以致把串连竹片的熟牛皮绳都给磨断了，并且还说：“加我数年，五、十以学易，可以无大过矣。”意思是如果再给我5年或10年的时间，好好地学习《易经》，那么，我就可以避免犯下大的过错了。

孔子说这句话的时候，想到了自己曾经犯过的哪些过错呢？为何研习《易经》可以避免自己犯下过错？首先，孔子也是人，当然也是会犯错误的。他有一句名言叫做“人非圣贤孰能无过?”当然也包括他自己在内。

曾经有一个叫做公山不狃的人，他背叛了自己的“上司”季桓子。古时，叛徒的身份是遭人所不齿的。他作为季桓子的臣子，先是骗得了季桓子的信任，得到了管理费城的官职。然而，仅仅过了三年，他仗着在费城的权势，联合阳虎一起反对季桓子。季桓子被抓，后用计逃脱。公山不狃仍霸占着费城，他大概也是想有一番作为，竟想召孔子为自己辅政。

孔子那时已经50岁了，一生不知碰过多少次壁。可怜他一直以来提倡克己复礼，学问精深，却英雄无用武之地，没有君王真正地重用过他。于是，他得到公山不狃邀请的消息之后，竟有些心动，甚至幻想能够借助费城这块小地方，成就王业，实现自己的理想。他的学生子路表示反对，并且劝阻孔子，孔子还不服气，坚持认为如果对方能够重用自己，说不定费城会变成东方的又一个周朝，但他最终没有动身。可见，孔子也会有认知上的错误，而他的过人之处在于他能够及时地发现并纠正错误，正所谓“知错能改善莫大焉”。

《易经》确实有帮助人们避免犯错的功用。它在古时，最初是一本用来占卜的书籍，也就是所谓的算命书一类。人们常会对所谓的算命书嗤之以鼻，那就先把自己的立场放一放。在做任何一个判断之前，先对自己说：“且慢。”这样，你并不会损失什么，却有可能收获良多。当你了解了《易经》的全部成书过程以后，就会发现，《易经》或许有些神神叨叨，但是，也不乏科学的内涵，以及高度的智慧。

前面已经说过，《易经》的成书，经历了三位圣人、三个时期。下面详细介绍第一位圣人，也是《易经》的初创者伏羲氏。伏羲氏这个人非常了不起，他与神农、黄帝齐名，被尊为中华民族的人文始祖。如果想要学习《易经》，就无法绕开伏羲氏这个人物，而且，他也非常值得被了解。

他为人类做了许多事情，是中国古代最早的发明家之一，也是中国古代最早的思想家之一。用曾仕强先生的话说，他是一个真正的“为人民服务的人”。同时，也是一个天赋秉异、有着特异功能的人。古时，人们几乎是靠天吃饭，因为那时的人们只会简单地耕种与渔猎，而这些活动都受到天气的严重制约。于是，预测天气就成为了一件极为重要的事情。那时的科学尚未发展起来，生产力也极为低下，人们没有办法预测天气，所以常常处于被动的地位，似乎只能听天由命。伏羲氏的出现，则改变了人们被动的局面。他通过抬头观看天体的运行，低头俯察大地的纹理，观察各种生物，及眼前的现象，并且结合自身的经验，发现了宇宙的诸多奥秘，甚至可以预测天气。他的特殊才能，简直让人怀疑他是从天而降的神仙。所以，民间流传着各种关于伏羲氏的神话传说。

我们知道，古代的人们有一种惯用的思维，他们认为一个人出生的时候，如果出现异象，那么这个人日后必定会成为一个了不起的人物。伏羲氏出生的时候也是这样。据说，他的母亲因为踩了雷神的脚印而怀孕，怀孕之时常常看见彩虹围绕在天际，且伏羲氏在母亲的肚子里呆了12年才出世，多么不可思议，然而传说就是这样。就像刘邦出生的时候，据《史记》记载，因他的母亲梦见与神龙在河边交合，所以刘邦后来成为了天子。类似的还有关于宋太祖赵匡胤的传说，据说，他出生之后，产房里充斥着红光，而且有一股奇异的香味经久不散。宋太祖身体呈金色，且三日不变，身材颀长，容貌雄伟，一看就知道不是等闲之辈。现在看来，这些传说是荒诞不经的，我们只当作是奇闻趣事。

如果了解中西方的人类文明史，就会发现，人类最古老的智慧，往往是与天地相关的。就像《圣经·旧约》里面，《创世记》的开篇便是“神的创造”，原文是这样：“起初，神创造天地。地是空虚混沌，渊面黑暗，神的灵运行在水面上。神说：‘要有光’，就有了光。神看光是好的，就把光暗分开了。神称光为昼，称暗为夜……”于是，天地之间便有了昼夜之分。你看，人们总是要最先解决这个问题。我们也对先人的这些杳渺的思想表示尊敬。

这也不难理解。因为在远古时期，人们几乎是赤裸裸地来到世间，面对着完全天然与陌生的世界，他们没有前人的经验可供参考，一切只能凭自己的耳朵和眼睛去发现。所以，古时由上面一个耳，一个口，下面一个王字组成“聖”，音读 shèng，同今天的“圣”一具意思。因此，善于使用耳朵去聆听，使用眼睛去观察、发现的人们，就被称之为“圣”。比如《易经》的诞生，之前说过，就是伏羲氏观察天地的结果。伏羲氏面对神秘的宇宙，首先要解决的第一个问题，即宇宙是如何诞生的。就像我们小时候，常常会好奇地问父母，我们是哪里来的一样。有些父母会打趣地说，你是我们捡来的。伏羲氏当时可没有这份幽默。他作为人类的始祖，有一份顺应天命、不可推卸的责任。他必须认真地去思考这些问题，并且找出答案。经过一段时间的摸索，他终于发现了“八卦”。

第二节　所谓八卦

大家都听说过“八卦”，也都自以为懂得“八卦”的意思，以为指的是一种人们在茶余饭后，津津乐道的明星隐私、小道消息，等等。而这些谈资多半来自娱乐报道、花边新闻当中，主角往往都是某某明星或政要，总之都是能够吸引眼球的人物。电视、网络都开辟了专栏来传播这些非正式的、娱乐性的新闻。这些节目或栏目往往也非常受人欢迎。因为它们轻松、养眼、五光十色、光怪陆离，却并不具有什么实际价值。就像零食一样，没事时吃吃可以解乏，但以此为主食肯定要营养不良。

同时，“八卦”还可以作为形容词来使用。比如：“你怎么这么八卦?”意思是你怎么这么喜欢说人家的闲事。在这一层意思上，它与粤语当中的“八婆”相近。“八婆”这个词语说出来不大好听，但是，它最初是一个中性词，并不含有贬义的色彩。所以，我们可以回溯到它的本义，试着持一种平和的眼光去看待它。实际上，“八婆”最初指的是古代的底层妇女所从事的八种职业，它们分别是媒人婆、接生婆、挽面婆、舂米婆、洗衣婆、担担婆、食奶婆以及巫婆。八项职业合在一起，总称“八婆”。

他们万万没有想到，“八婆”后来渐渐地由中性词变成了贬义词，甚至成为了一个骂人的词语。为什么会这样呢？大家可以想象一下，这些底层的职业女性，往往需要到别人家里去帮工，她们总是走街串巷、走门串户，在有意无意之间，东家长、西家短自然都灌进了耳朵里面。她们实在是有太多的机会可以接触各种闲言碎语、蜚短流长。她们肚子里装了那么多的“秘密”，实在耐不住它们的重量，惟有一吐为快，否则恐怕要憋坏了。因此，她们便给人留下了一种好管闲事的印象。自然而然，人们便开始嫌恶她们，“八婆”这个词语也受到了牵连。

其实，“八卦”这个词语也是一样，它最初的意思也是十分中性。我们可以用拆字法来试着分析一下。首先“八”毋庸置疑代表的是一个数字，而“卦”指的是古代用来占卜的符号，而且这些符号往往具有象征意义。说得具体一点，卦，也就是挂在人们面前的各种物象、现象。对原始的初民来说，这些物象、现象可不是什么汽车、洋房，或课本、黑板，而是指原始自然当中的景象、景观。

比如风、雨、雷、电、山川、沼泽、湖泊、大海、云朵，等等。这些物象，是生产力水平十分低下的原始初民们所必须关注的。因为，那时他们还得靠天吃饭。不像现在的我们，已经用不着每天去仰观天象、俯察地势了。随着生产力的发展，科技的发达，物质的丰富，我们的耳闻目见也都发生了极大地转移、转变。我们已经无需通过观察天象来预知天气，因为我们有天气预报。然而，最早的天气预报可不像今天这么具有科技含量，最早的天气预报是由一个人来完成的。

就是上节提到过的伏羲氏，他能够预测天气，也就是他发明并画出了八卦。这个伏羲氏地位十分显赫，居于“三皇之首”

“百王之先”。为什么他会有这么崇高的地位呢？

首先，他是神与人结合后所生的“半神”。

据说，他的母亲叫做华胥氏。有一天，华胥氏到一个叫做雷泽的地方去游玩，偶然发现地面上有一个大坑。她走近了看，反而看不分明，无缘无故怎么会出现一个大坑呢？她打算看个究竟，于是放眼望去，才发现眼前的大坑竟是一个巨大的脚印。于是，她便好奇地踩了下去，谁知竟然受感而孕，而且怀孕的时间特别漫长。普通人家都怀胎十月，而她竟然怀胎12年。12年之后，她终于生下了一个儿子，取名叫做伏羲氏。

这确实有点奇怪，于是人们纷纷猜测，雷泽的那个脚印一定是雷神留下来的。据说，这位雷神长着龙的身子，人的脑袋。《山海经·海内东经》中记载：“雷泽中有雷神，龙身而人头，鼓其腹。”正巧伏羲氏生下来就是龙身人首，所以人们便更加肯定他是雷神的儿子，也是一个“龙种”。

在任何民族的早期神话和传说中，神都具有着超凡入圣的神奇力量，而且长生不死，他们与人分界而居，凌驾于人类之上。他们可以上天入地，但是人却不能上天。然而，神可以与人结合，生出“半神半人”。如此一来，“半神半人”便也具备了神的部分力量，他们也可以上天，并且在人间往往可以成为英雄，做出了不起的业绩。

无独有偶，东方如此，西方亦如此。在古希腊神话中也流传着这样的传说，比如赫赫有名的阿喀琉斯便是半神半人。他是希腊军队中最杰出的将领之一，骁勇善战，刀枪不入，与凡人相比简直具有金刚不坏之身。他在著名的特洛伊战争中杀敌无数，立下赫赫战功。他的浑身上下只有一处致命弱点，那就是在冥水中没有浸泡到的脚后跟。也就是说，只有射中他的脚后跟，他才会死，而这个秘密，一般人都不知道。

伏羲氏也像阿喀琉斯一样具有超凡的神力，可以上天入地。但是，他与阿喀琉斯不同的是，他不是尚武之人。他更像是一个自然学家，或者哲学家，而且他一出生就担当起繁衍人类的任务，他与女娲是兄妹。既然是人类的始祖，自然要对人类负责。伏羲氏在这一方面和盘古一样，具有强烈的责任意识。人们也总是向他寻求各种帮助。比如，那时的人们最常提出的一个问题是：“明天的天气怎样？”因为，那时人们的活动受天气的限制实在是太严重了。他们都靠打鱼或者狩猎为生。要是遇上恶劣的天气，甚至会有生命危险。但是，人们对天上为什么会突然下雨、打雷，地上为什么会刮大风、起大雾，完全不知所以，也不知所措。这些问题完全超出他们的认知范围，所以，他们只能去求助伏羲氏。

但是，伏羲氏一开始也说不出个所以然来。他也很想把这个事情弄清楚，可是想来想去，也想不出头绪。所谓“思而不学则殆”，也就是说，光想不学，那可就危险了。幸亏伏羲氏比较聪明，他强烈地意识到，摆在自己面前的最为火烧眉毛的一个挑战，就是解决天气预报的问题。

于是，他便常常抬头观看天体的运行，没事就低头考察大地的奥秘，记录天气的变化与规律，检视动物身上的花纹，以及地理、地形的特征，等等。他通过仔细的考察，就像选秀节目的评委一样，凭借着他们的专业水准以及丰富经验，从众多的候选物象中，选出了8个物象，它们分别是“天、地、雷、风、水、火、山、泽”。他发现这8个物象就是构成宇宙的8大要素。弄清了这8个物象的情况，也就可以大致预测出未来的天气。但是，那时文字还没有被创造出来。伏羲氏画八卦，早于仓颉造字。怎么办呢？如何向大家说明自己所预测到的天象呢？

这是伏羲氏所遇到的第二个难题。他仍然百思不得其解。终于，有一天，伏羲氏在门前的一条河边捕鱼，出乎意料地逮住了一只白色的乌龟。他有点喜出望外，心想：“世上的白色乌龟可是珍稀物种哪！百年难得一遇。如今得一见，真是万幸！且白龟入我囊中，被我逮了个正着，真是谢天谢地。想想第一次见到白龟，还是在天塌地陷的时候，一只白龟曾经救过我们兄妹二人的性命。可惜，很久很久都没有再见过它。”

莫非现在这只白龟就是那只白龟的子孙后代？伏羲氏想到这里，开始窃喜：那我一定要把它好好地供养起来，以报白龟爷爷的救命之恩。于是，伏羲氏在地上挖了一个坑，灌了一些水，小心翼翼地把白龟放进水里。并且时不时地逮些小鱼小虾，放进水里，当作白龟的食料。说来也真是奇怪，其他地方的水洼都浑浊得很，惟独那个养着白龟的水坑，水质格外的清冽，一点也不会发浑。可见这只白龟，一定是一只神龟。伏羲氏也更加确定这只白龟就是曾经救过他的那只白龟的后代，于是，对它照顾得更加无微不至。

天长日久，这只白龟与伏羲氏有了深厚的感情。每次伏羲氏去喂它的时候，它都游到伏羲氏的面前，并且趴在坑边一动也不动，十分乖顺的模样。伏羲氏没事儿的时候，就坐在这个水坑的边沿，一边看着白龟，一边想他在世上遇到的难题——如何用符号来表现八卦呢？大概是白龟怜恤他终日苦思冥想，于是引他注意起自己身上的花纹。伏羲氏也有所感应，他发现白龟的龟壳上有许多花纹，这些花纹可真有意思。于是，他蹲在地上，折了一根草秆儿，照着白龟甲壳上的花纹，依葫芦画瓢地画了起来。他一边画，一边想，整整画了 81 天。他发现，那些龟纹只有两种情况。一种是直直的一条实线。另一种情况是，直线在中间断裂开来，像一条虚线。

伏羲氏想：我虽然发明了八卦，但是，万物都是由“一”生出来的，没有一，就没有八。所谓，道生一，一生二，二生三，三生万物。这个“道”就是天地之间的奥秘。宇宙最初是混沌一片的，后来宇宙一分为二，清者上升为天，浊者下沉为地。那么，在这天地之间，到底是什么力量在起作用呢？他揣摩来揣摩去，觉得是“阴阳”两股力量在起作用。于是，他欣然地发现了宇宙之间更为根本的要素，比“八卦”还要根本的要素，那就是阴与阳。

宇宙万物都是由阴与阳生发出来的。阴可以指大地、女性等，而阳可以指天、男性等。伏羲氏联想到人类的繁衍，都是由阴阳的结合才得以实现的。人类如此，天象亦如此。于是，他想，只要能够用符号把阴与阳表现出来，那么八卦用什么符号表示的问题便迎刃而解了。他充分发挥自己的想象力，忽然灵光一闪，他想：龟壳上的实线和虚线，不正像宇宙当中的阴与阳一样吗？于是，他就把那个实线，“—”也可以说是“一通道儿”当做阳。而虚线“— —”，也可以说是“一断道儿”当做阴。

那么，8个物象“天、地、雷、风、水、火、山、泽”被确定下来了。伏羲氏又发明了对应的8个卦名，它们分别是：乾代表天，坤代表地，震代表雷，巽［xùn］代表风，坎代表水，离代表火，艮［gèn］代表山，兑代表泽。并制成了八卦图，被称为“伏羲八卦图”，或“先天八卦图”。其实，我们不难看见八卦的图像，许多地方还用它来辟邪、或招财。八卦图的中间是一幅阴阳鱼太极图。“太极”这个词语的运用程度也是极为普遍，可指一种运动，这个运动的手势也像太极一样绕来绕去，后来，打太极还被引申为说话绕弯子。

其实，这一幅阴阳鱼太极图当中蕴含了极为深刻的哲学思想。

阴阳鱼太极图

如图所示，白色的部分代表“阳”，黑色的部分代表“阴”，阴与阳是我中有你，你中有我。这个可以理解为天地未分离之前的混一的元气。同时，也蕴含着宇宙的“最高至当之理”，即宋朝的儒学专家周敦颐所说：“无极而太极。太极动而生阳，动极而静，静而生阴。静极复动，一动一静，互为其根。分阴分阳，两仪立焉。”基本上解释清楚了阴阳、动静之间的关系。朱熹则说得更加直白：“太极只是个极好至善的道理，人人有一太极，物物有一太极”，“里面包含阴阳、刚柔、奇偶，无所不有”。

我们可以大胆地将一切对立统一的事物都放在这个太极里面，因为太极实在是包容万象。比如天地、日月、男女、刚柔、春秋、夏冬、奇偶，等等。天地之间先有太极，后有八卦。《易经·系辞》中说：“两仪生四象，四象生八卦”。其中“两仪”指的是阴阳两性，“四象”指东南西北四个方向，“八卦”在这里可指八个方位。如图所示：

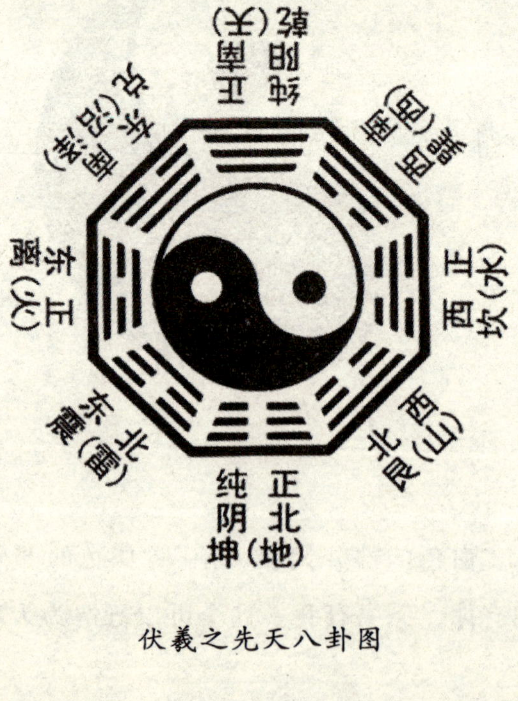

伏羲之先天八卦图

我们可以在这个“伏羲之先天八卦图”看到，有表示方向的，按顺时针方向，分别是“纯正阳南、西南、正西、西北、纯正阴北、东北、正东、东南”。这个方向与我们在地理课上学到的“上北下南，左西右东”正好相反，原因是我国古代的方位图有一个统一的规定，由于我们生活在北半球，所以在观天象的时候，一般都是朝南面站立，所以，观察者就把前面、上面作为南方，后面、下面作为北方，左侧是东边，右侧是西边。千万不要与我们已经学过的观看地图的方向的口诀相互混淆。此外，还有表示物象的，以及卦名的，分别都是8个，形成一一对应的关系。

“八卦”最初的意思，说到这里大家心中应该明白了一些。然而，“八卦”作为小道消息这一层涵义被使用，且流行开来，应该说与港台的娱乐杂志和娱乐节目的发达有密切的关系。虽然“八卦”现在已经不是什么含有褒义的词汇，但是，我们不得不佩服港台娱乐传媒的想象力和创造性。你想，“八卦”不正是像我们所看到的伏羲八卦图那样，四面八方，包罗万象，无所不及吗？你只要仔细地想想，便能发现这个词语的古今含义之间的联系与区别。从而也可以由小见大，看出时代的变化。总之，只要你细细体味，便可以从一个词里面看见世界。正所谓一沙一世界，一花一天堂。

第三节　活学活用八卦

了解了八卦大概的来历以及模样以后，对其真实的用处就要有所探究。其实，《易经》的主体部分就是这个八卦。其他的什么《易传》、卦辞、爻辞，等等，都是用来说明这个八卦图的。

八卦图又分先天八卦图和后天八卦图。在上节中介绍的是先天八卦图，也叫伏羲八卦图。为什么会有先天和后天之分呢？

之前说过，《易经》是经历了三位圣人的集体创作，代代相传下来的。第一位作者是伏羲氏，所以他创制的八卦被称为先天八卦。后来是文王，他在伏羲氏先天八卦的基础上，创制了后天八卦图，也叫文王八卦图。

周文王，名姬昌，出生于公元前1152年，逝于公元前1056年，享年96岁，也算得上是一位长寿老人。他出生于商代，与他相关的著名事件有二：一是文王伐纣；二是文王拘而演周易。

纣是古代历史上一个有名的暴君。酒池肉林这个成语就是从他那里来的。这个成语出自司马迁的《史记·殷本纪》，所谓“殷”，也就是殷商。纣是殷商的国君，其实，他倒是一个聪明、勇猛的人，也并非一无是处。然而，他作为一国的君主，却不把百姓放在心里，用今天的话说，就是一点也不注重民生工程，只顾自己享乐，而且穷尽奢华。他的爱妃妲己也和他一起遗臭万年。据说，他是听信了妲己的谗言，建了一座巨大的仓库，终日享乐，以酒为池，以肉为林，长夜烂醉，过着荒淫无度、奢侈腐化的生活。

他还发明了一种称作“炮烙”的刑罚，把触犯法律的人抓起来，挂在烧红的铜柱上，活活烤死。那时，周部落在姬昌即位之后，慢慢地强大了起来，对殷商构成了一定程度的威胁。于是，有人便在纣王面前进言，说周文王的影响越来越大，这样下去，如果再放任其发展，恐怕对商朝不利。于是，纣王便下令捉拿姬昌，把他关进了羑里的监狱。周朝的臣子为了把文王赎回来，给纣王送去了许多金银珍宝、骏马美女。纣王也是不分轻重，竟把文王给放了。文王出狱之后，便决定讨伐纣王。他做了许多准备，可惜没有完成伐纣的事业，便害病死去。他的儿子周武王继承了父亲的遗志，在牧野彻底击败了商朝。所以，文王伐纣，并不是说文王直接打败了纣王，而是他为武王伐纣打下了坚实的基础，其功不可没。

文王被纣王关进羑里监狱的时候，已经82岁了。其实，他那时对纣王是称臣的，也并没有表现出明显的谋反之心，不知为什么就飞来横祸，被人诬陷了。传说，那只是源于一声叹息。

原来，关于纣王的暴虐行径还有许多。和文王一样，对纣王称臣的九侯，曾经把自己的女儿献给纣王。谁知纣王竟然因为此女保守淑德，不喜淫乐，就把她给杀了，而且还把献女的九侯剁成了肉酱。另外一个诸侯王为了阻止纣王的暴行，向他进言，结果也被杀死，做成了肉干。这样的事情，听起来真是毛骨悚然。

也不知道是否真有其事，但愿这只是为了突出纣王的残暴而附会出来的故事。那么，这些跟周文王有什么关系呢？他只是听说了这些事情，私底下发出了一声长长的叹息，结果，不知被谁听到了，便告到了纣王那里。

以纣王的脾气，是一声叹息也容不下的。文王难逃此劫，被投入狱。文王刚刚被投进监狱的时候，心中充满了愤懑与失望。他为天下感到担忧，就在那五米高的台型监狱里踱来踱去，显得焦虑不安。可是，焦虑终究不是办法。类似这样的情境，我们也许会想到电影《肖申克的救赎》，肖申克也可以说是含冤入狱，然而，他最终成功地逃脱。如果大家注意去看的话，就会发现，如果肖申克在入狱之前，没有掌握那么多的文化知识，包括地质学、法学，以及音乐艺术对人类心灵的抚慰，他是没有办法逃脱监狱的。

文王也是如此。如果他一直愤懑失望下去，以他的那个年纪，估计会气死在监狱里。好在文王平时也是饱学之士，这时便派上了用场。首先，长期以来形成的素养，使文王的心慢慢地平静下来。他想："反正我暂时是走不出这个监狱了，不如静下心来，想想能做什么。总有一天，我会走出监狱，那时，我在监狱里面的所思所想便能够派上用场。"可在监狱里面能够做什么呢？整天都有那么多双眼睛盯着你，行动完全没有自由。也没有书看，连纸笔都没有。他能做的唯一的一件事情就是思考。他现在最想知道的就是自己的命运会如何，以及国家的命运、苍生的命运会如何。

怎样预测这些命运呢？他自然而然地想到了伏羲氏的八卦。

当时，八卦是有这个作用的，八卦不但可以预测天气，还可以预测许多事情。比如命运、吉凶，等等。周文王的“刑期”是7年。7年的时间，8个卦象不够他思考的，于是他把八卦演绎成了六十四卦，每个卦有六个爻，总共就是三百八十四个爻，这下够他思考了，他每天都在狱中思考这些东西，竟然也能够乐在其中。

纣王看文王在狱中竟然还有点怡然自得，心里感到窝火，便想方设法来折磨文王。他竟然把文王的长子给杀了，而且煮成肉汤，逼文王喝下去。如果文王不喝，便扬言要了他的命。文王为了保住自己的思考成果，把六十四卦传承下去，便忍辱喝下了这碗人肉汤。趁纣王离开的时候，他含着眼泪将那一碗汤呕吐了出来。这样的打击实在是太沉重了，他是多么希望殷商灭亡啊。为了预测殷商何时会灭亡，他更加发奋努力地研究《易经》，在监狱里面能够利用的唯一的工具就是地上的杂草，他发明了一套用杂草来占卜的方法。正好一根完整的草可以代表阳爻，而把一根草折断，中间留一点空隙，便是阴爻。他便用这些草将三百八十四个爻演绎得清清楚楚，后天八卦也就诞生了。

我们后来常用来占卜算命、测风水、测吉凶的正是这个八卦。当然，这些活动都有迷信之嫌。就像孔子说的，虽然他那么喜欢《易经》，但是他并不问占卜。他的这个态度，还是值得我们学习的。即使是占卜，也可以当做是一种参考而已，并不一定要当真。如果八卦只有这些用处，恐怕影响就不会这么大了。实际上，这个八卦图甚至还可以运用到数学、天文、医学养生、城市规划等科学领域。而且，国际上甚至认为八卦图的“二进制原理”与莱布尼茨发明二进制算术有关系。

比利时国际理学研究所的胡阳甚至还写了一本书叫做《莱布尼茨二进制与伏羲八卦图考》。其实，对许多人来说，《易经》、八卦正在被当做一种哲学来理解、来学习。正如《易经》自古就分为两派：义理派和象数派一样。所谓“义理派”，也就是强调《易经》的哲学意味，强调《易经》中所包含的做人处事的义理。在趋吉避凶的同时，还要努力修身养性、提高智慧，这也是本书的要义。而“象数派”则主要是根据卦象的组合，预测、探索未来的奥秘，是一种鉴往知来的办法，和占卜相近，也是《易经》的一大作用之一。

第四节　象数派与义理派

我们把研究《易经》的学问称为“易学”。自古以来，易学史上就有“象数派”和“义理派”之分，因为《易经》既包括八卦、六十四卦及三百八十四爻这些抽象符号，又包括对这些卦爻的文字说明。其中，“象数派”注重对《易经》中的抽象符号的研究，而“义理派”则注重阐释《易经》中的文字所蕴含的哲学、伦理等思想。

“象数派”和“义理派”各有许多代表人物。两派也有一个历史的演进与变化过程。在易学史上，汉代的《易经》研究偏向于象数派，这也比较接近《易经》成书的初衷，也就是用来算卦、占卜。宋代理学大师朱熹曾经说过：“易为卜筮之书。”意思就是说，《易经》是用来占卜、算命的书。其实，“《易经》是用来占卜、算命的书”这个说法并非始于朱熹，而是早在汉代的时候就存在了。如《汉书·艺文志》中说：“及秦燔书，而《易》为筮卜之事，传者不绝。”用今天的话来说，就是：直到秦朝焚书坑儒的时候，人们依然将《周易》看作占卜之书，一直传了下来。直到西汉时期，《易经》的地位得到了大幅度的提升，它被尊为了“五经之首，大道之源”。这时，义理派已得到了一定的发展。但是，无论如何，《易经》最初是用来算命、占卜的书，这一点是毫无疑问的。虽然我们对占卜这个行为可以保留自己的态度，然而我们无法否认这个事实。随后，魏晋时期的王弼开始研究《易经》中包含的义理，并写了《周易略例》一书，对后世产生了极大的影响。王弼可以说是易学“义理派”的创始人。他认为学习《易经》应该更加注重其中包含的哲学、伦理思想。后来，到了南北朝时期，易学研究又分为了“南派”和“北派”。“南派”以王弼的“义理派”为代表，北派则以郑玄的“象数派”为代表。随后，两派各争短长，都觉得自己的想法比对方正确或者重要。到了大唐时期，唐太宗李世民请孔颖达写了《周易正义》，主要是阐释王弼的义理，使得“义理派”被奉为了正宗，而“象数派”却被视为“异端邪说”，这个影响一直沿袭到了宋代，易学的发展可谓达到了一个高峰，主要也是因为沿袭了王弼的“义理派”思想。宋代易学的主要代表人物有程颐和朱熹二人，对后世亦产生了深远的影响。

综上所述，“义理派”在中国的易学界占据了主流地位。究其原因，恐怕正如南怀瑾先生所说：“周易的难度在象数，义理是比较简单的，从义理的角度看，每天学一卦，六十四天就学完了。而象数在变数，万物类象，所以较纷繁复杂。”由此可见，义理更加简单，而且实用，在中国这个实用主义大国，自然是更受欢迎。当然，这也造成了许多学者只懂义理，不懂象数的现象。这对我国古代的哲学的发展也许有些帮助，但是却不利于我国自然科学的发展。事实上，我国的自然科学在国际上是相对比较落后的，这也与我国国人重实用而轻逻辑的思维方式有关。而之前说过《易经》在国际上的影响，许多都表现在象数方面，比如二进制算术，模糊数学，等等。

所以，人为地将“义理派”与“象数派”对立起来，其实是不对的。如果摒弃了“象数派”中的科学因素，对我国的科学文化将是一个重大的损失。因此，有这样一种提倡：“言象数者未废义理，言义理者未废象数。”

持折中一派的人说，“义理派”与“象数派”，前者是理论，后者则诉诸实践，它们二者是相辅相成，相互结合在一起的，并没有截然对立，只是侧重点不同而已。“象数派”的目的更加玄妙，更加抽象，在于鉴往知来，在于预测。这个预测，也并非一定要去占卜算卦。《荀子·大略》里就说：“善为易者不占。”也就是说，真正精通《易经》的人是不必要依赖占卜的。为什么呢？因为熟知《易经》的话，便可以明白许多宇宙间、人世间的奥秘。那时，便不需要借助龟甲或蓍草等道具来占卜，自己心里就会有判断、有答案，心中自然就知道如何做人处事了。这便又从“象数”转到了“义理”，可见“象数派”与“义理派”实在是相通的。

接下来，我们先介绍一些“象数派”的相关说法，以介绍占卜之法为主。我相信许多人对这个有兴趣。其实，占卜这种行为，由来已久，至今也没有灭迹。即使是在科技这么发达的今天，仍然有许多人热衷于算命、占卦。各大寺庙里的求签问卜，城市路边的瞎子算命，或是自己使用各种“邪门左道”，比如运用笔仙、塔罗牌、咖啡等道具来测验、占卜。可见，人们对占卜一事仍然充满了兴趣。实际上，这也是对未知事物，出于一种无法把握的心理而产生的好奇与渴望。因此，也许我们并不应该简单地把占卜当做是一种迷信，除非你过于相信占卜的结果。占卜，实在也反映了人类知识的有限与智慧的不足。智者老聃曾经说过：“人之迷，其日固已久矣。”意思是人类长期以来，都有着许多无法解开之谜。或者也可以理解为人类常常处于迷误当中，无法做出正确的决定。那么，这时最容易产生占卜算卦的需要。

实际上，占卜算卦也正与心理学家荣格的“共时性原理”相契合。所谓“共时性原理”，也就是说，在同时发生的两个或多个事情之间，应该有相互的隐秘的关联。比如说，你这个时候算命，算到了一个“坤卦”，可是为什么偏偏是“坤卦”，而不是其他的卦呢？这个“坤卦”一定和你现在想要占问的事情有关联。这时，“坤卦”就会对你产生一定的心理暗示，你所遇之事也就越发与它有关联了。如果你求得一个好签，那么，你就会给自己一些好的心理暗示。但是，如果不幸求得了一个下下签，便不停给自己糟糕的心理暗示，恐怕还是不如不要占卜为好。所以，占卜到底是不是迷信，取决于占卜后的人的反应。一般来说，占卜的结果是不可以相信的。除非是“象数派”的顶级高手，这样的高手实在也是罕见。因为如果一个人成为了“象数派”的顶级高手，那么他几乎就可以算出下一次双色球的中奖号码会是什么。可是，这样的人至今似乎没有出现。

所以，笔者对占卜的看法，一是仅供参考，二是懂得《易经》的义理，便不需要依赖占卜。

先说说仅供参考。下面说一个很简单的占卜的方法，人人都可以三分钟学会。道具是一个一元钱的硬币。假定数字的那一面为阳爻，印有菊花的那一面为阴爻。然后向上抛掷六次，就能得到六个爻。记住，这六个爻的顺序是“由下而上”层叠。你第一个抛掷的是阴爻，那么最底下一层就画阴爻。记住这个顺序，由下往上画，千万别弄错了。以此类推，这样，六个爻便形成了一个卦。你再对照《易经》这本书，查查你现在抛出来的是什么卦，然后再看看卦辞和爻辞便可。是不是非常简单？

这个方法也仅供参考罢了。就跟拿扑克牌算出来的没有多大性质上的区别，只是方法上更有古意，更具文化含量，不妨一试。我还记得我第一次用这个方法，占到的卦是“大过卦”。大家看这个“大过”，不要以为是我要被“记大过”的意思。并非如此。我翻了翻卦辞和爻辞，才知这个卦里有“君子独立不惧，遁世不闷”的道理。并且，我从中悟道：阴阳调和，刚柔并济是多么重要。在这方面可供参考和查阅的资料有复旦大学出版社王振复教授写的《周易精读》，以及中华书局出版的傅佩荣教授写的《听傅老师讲〈周易〉》。前面一本更加严谨、学术化一些。后面一本更加通俗易懂。傅佩荣教授实在是善于发挥想象力。他的解读是活学活用的典范。

然而，真正严谨的占卜的方法，在《系辞传》中有提到，说是必须用五十根的蓍草或竹片，然后按照一定的方法认真仔细地操作，大概需用二十分钟才可以算出来一卦。这个方法也不是一时半会儿就能学会的，要对《易经》有非常程度的熟悉。而且，我们要知道，占卜在古代是非常严肃认真的事情。如果是官方的祭祀占卜，都是要记录档案的，并不像今天这样随便。所以，针对这个情况，傅佩荣教授结合自己的所学与心得，提出了占卜的三个原则，即“不诚不占，不义不占，不疑不占”。

所谓“不诚不占”，意思是虽然不能过于迷信占卜的结果，但是，也不能过于失敬。对古代思想智慧的结晶，保有几分敬意也是应当的。譬如我第一次用简便的方法占到了“大过卦”，心中还是觉得十分神奇。并且这个卦与我当时的处境不能不说没有一些关联。这个，恐怕就是荣格说的“共时性原理”起了作用。所以，我虽不迷信这个结果，却也获得了相当程度上的思想的启发。对于自己当前要注意哪些问题并非没有帮助。在占到这个卦象之后，会出于兴趣，忍不住还想再来几次，但是我都阻止了自己的这样的冲动。因为，如果一天内抛好几次硬币，占好几次卦，一次一次推翻前面的卦象，自己也会感到迷惑，不如不占。这也是保留一点虔诚的意思。

所谓“不义不占”则是不该自己过问的事情，就不要去占卜。而“不疑不占”与“不诚不占”看起来似乎矛盾，实际上却并不矛盾。因为“诚”并不是要你完全迷信。无论何时，保有一定的怀疑精神与自己独立的思考和判断，都是非常有必要的，毕竟命运掌握在自己的手里。总而言之，还是傅佩荣教授说得好：“占卦之事，宁拙毋巧，真诚为上，并且要保持客观心境，因为最后决定吉凶的还是个人的智慧与德行。”

第五节　模糊数学的先驱

所谓模糊数学，想必大家都比较陌生，这应该是属于高等数学的范畴，我们暂不做学理上的研究，只把它当做一个有趣的现象来考察。

我们都知道，在数学演算当中，是最讲究精确性的，1 就是 1，2 就是 2，错了一个小数点，就能犯下大错。而且，老师在改数学卷子的时候，也很少给“半对”这样的分数。“半对”倒是常常在改语文试卷的时候出现。所以，这样一比较，就更加能够明白数学所讲究的精确性。在我们刚开始接触数学的时候，注意精确性是一件好事，可以帮助我们养成精密、严谨的逻辑思维。所以，数学原本就是精确的，便不需要给它取一个“精确数学”这样的画蛇添足的术语。只有当我们发现，数学也有其模糊性的时候，才感到奇怪。于是郑重其事地在“数学”前面加上“模糊”的修饰语，以区分我们通常所知道的数学。

就像“作家”这个词语，我们很少听到“男作家”这样的表述，凡是“男作家”一般都简称为“作家”。但是如果这个作家是女的，那么在介绍这位作家的时候，人们总是喜欢在后面特别注明“女作家”。这里面也隐含了一些文化信息，比如我们从中可以看出，中国自古代以来，作家多数是男性，而一旦出现女作家，并引以为稀奇，所以要用另外一个称呼来指代，方可平复心中的惊奇。

“模糊数学”正和“女作家”这个名词一样，都是后起的、新鲜的名词。据说，它诞生于20世纪60年代，是由美国的一位控制论专家L·A·扎德教授所发现的。L·A·扎德教授长期致力于计算机的研究，而且他思考的问题也实在有意思。他想：“为什么计算机不能像人脑那样灵活呢？”虽然计算机在记忆储存与计算速度等许多方面都远远胜过了人类的大脑，但是，一旦遇到一些模糊信息的时候，显然就没有人脑好使了。

传统的数学总是非此即彼，而宇宙中实际上存在许多模糊的现象。就拿我们前面提到的“太极阴阳鱼”来说，阴中有阳，阳中有阴，这样的状况，计算机就难以处理，而我们的人脑通过思辨便可以理解。所以L·A·扎德教授觉得，非常有必要提出一个“模糊数学”的理论，以克服计算机在这方面的弱点。于是，“模糊数学”的理论便这样诞生了。这个理论诞生之后，引起了人们的广泛关注。人们都感叹它的神奇以及实用，它被广泛地运用到了各个领域，比如人工智能、自动控制、图像识别、信息处理，等等。

其实，这个模糊数学的萌芽，早在古希腊时期就已经产生，只是没有引起足够的重视罢了。古希腊文明是西方文明的重要源头之一。无论是哲学、艺术、文学还是科学，以及政治思想的源头，都可以回溯到古希腊时期。古希腊文化不但给西方文明储存了许多养料，而且也为世界人民提供了许多有益的借鉴。我国许多有识人士都对古希腊的文化充满了崇拜之情。有一段时间，“言必称希腊”成为时髦，大家如果学有余力，很可以找一些古希腊文化的书籍来读一读。比如古希腊神话传说、荷马史诗，还有柏拉图、亚里士多德等大哲学家的著作。

那么，何以说模糊数学在古希腊时就已经萌芽了呢？因为，那时古希腊就流传着一个有意思的提问，即：“一粒种子肯定不叫一堆，两粒也不是，三粒也不是……另一方面，所有的人都同意，一亿粒种子肯定叫一堆。那么，适当的界限在哪里呢？我们能不能说，123585 粒种子不叫一堆，而 123586 粒种子就构成一堆呢？”从这一段话中，我们可以知道，“一粒”与“一堆”之间并不存在明显的界限。我们看到一堆东西，便知道用“一堆”这个量词来形容。并不需要一粒一粒地去数，确认了具体的数量之后，再来确认这是“一堆”。果真如此，那就太麻烦，也太可笑了。由此可见，“一堆”这个概念其实是难以精确的，它带有很大程度上的模糊性。

事实上，我们日常生活中的许多语言都具有模糊性，比如“好”“最大”“聪明”“愚蠢”，等等，这些词语都没有一个明确的界限。比如“好”，好到什么程度才能说是好呢？比如“最大”这个词语，让人想起猴子下山摘玉米的故事。猴子下山，来到一片金灿灿的玉米地，感到兴奋极了，心想一定要摘一个最大的玉米回去。于是，它看到一个稍大一些的，便以为是最大的玉米，摘下之后，发现前面还有更大的玉米，于是摘了很久，累得不行了。如果它聪明一点，就应该想到，光凭目测，怎么能确认哪个是最大的玉米呢？所以，在这个时候，不妨模糊一些，要是追求过度的精确，就有一些迂腐可笑了。何况，数学里面还有“测不准原理”呢。再比如聪明和愚蠢，有人想到用智商测试来量化这个问题。但是，一个智商测试得了100分的人，和一个智商测试得了99分的人，谁更聪明一点呢？并不能说前者就比后者更聪明。

由此可见，精确数学并不能解决所有的问题。但是，这并不是说精确就不重要。有些时候，我们又应该讲究精确，尤其是事关重大的时候。比如我们要去参加一场非常重要的考试。考试要求提前10分钟到场，否则就取消考试资格。那么，我们就得对好钟表，在那个时间之前务必到场，容不得一点马虎。这个时候，数学便体现出它的精确性，以及这个精确性对人类生活的好处。由此可见，精确是十分重要的。只是，我们也要意识到，并非凡事都能够做到精确，都需要追求精确。

这个道理，与《易经》中的太极思维十分相似。太极思维就是一种模糊的思维。你不要以为太极图中的S曲线就是阴与阳的界限。虽然在图中，这条S曲线是静止不动的，但是，实际上S曲线是随时可以变化的。所以，太极图被认为是“模糊集合”的最早的图辞。

这里的“模糊”并不是叫我们糊涂，而是要我们更客观地去描述模糊的事物与现象。比如，《易经》一开始就告诉我们，宇宙中存在阴阳两极，但是这个阴阳两极并不是绝对对立的，它们之间可以相互转化。阳刚中包含着阴柔，阴柔中也孕育着阳刚，这是一个真实的、客观的现象。我们只有运用模糊思维，而不是非此即彼，非黑即白的思维，才能正确地理解与把握这个现象。在生活中同样如此，我们常犯的一个错误，就是非此即彼，非黑即白，一竿子打死一群人。这样的思维貌似精确，却实在是不公正的。

西方学者渐渐注意到《易经》中包含的智慧，从中获得了许多的启发，几乎要封其为“神书”。在数学学科的领域，《易经》虽然称不上是一本数学专著，但是，它可以算作人类历史上最早运用数学符号和数学语言的一本书籍。比如六十四卦，就是运用了数学中的排列组合原理，太极阴阳鱼图则是一个最古老的“模糊集合”。所以，有人认为《易经》可以算作是中国模糊数学的先驱。

第六节　六十四卦的启示

六十四卦是周文王在伏羲八卦的基础上演绎出来的。所以，我们先复习一下伏羲八卦。这八个卦都是由三个爻组成的，被认作是基本卦，又称“经卦”。它们分别是：

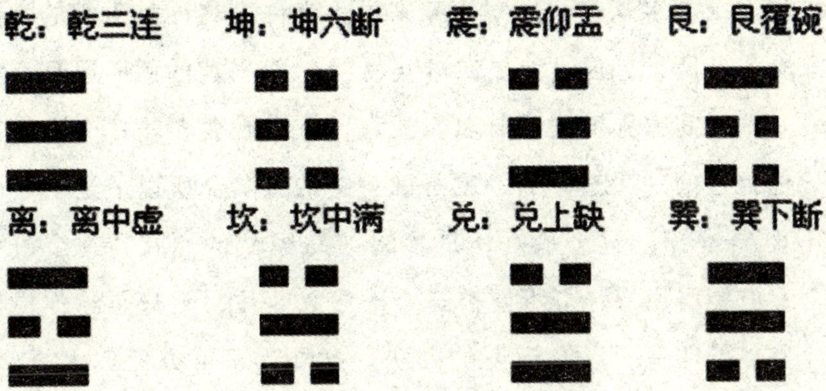

以上的图示中，乾、坤、震、艮、离、坎、兑、巽是卦名，下面的三条线是三个爻组成的卦象，而冒号后面的口诀是卦象的特征描述，便于大家记忆。比如“震仰盂”，非常形象地描绘了“震”卦像一个仰口向上的盆子。“艮覆碗”则形象地说明了“艮”卦像一个倒放着的碗。仔细看看，的确是这样。

那么，以上八个基本卦，经过两两排列组合，变成了六十四卦。宋代学者朱熹特意为六十四卦编了一个《卦名次序歌》，大家可以一睹六十四卦的集体亮相，并以此次序歌为记诵办法。卦名次序歌出自《周易本义》，原文如下：

乾坤屯蒙需讼师，比小畜兮履泰否。
同人大有谦豫随，蛊临观兮噬嗑贲。
剥复无妄大畜颐，大过坎离三十备。
咸恒遁兮及大壮，晋与明夷家人睽。
蹇解损益夬姤萃，升困井革鼎震继。
艮渐归妹丰旅巽，兑涣节兮中孚至。
小过既济兼未济，是为下经三十四。

以上《卦名次序歌》对大家来说，有许多名词是生僻的，读起来会不知所云。但是如果你对《易经》感兴趣的话，还是有必要花一些时间去弄清这些卦名。注意，有些卦名不止一个字，比如之前提过的“大过”卦，就是两个字的卦名。所以上述次序歌也不止64个字。这个最好还是参阅《易经》的原文，一个一个来看，方能看出兴味。不要被这个次序歌吓住，它只是给你提供一个整体的印象，以及记诵的办法。此外，还可方便你去查阅。比如你占到一个卦，先看次序图，弄明白它在第几位，然后就知道这个卦在书中的大概位置。

下面，挑出一些大家可能感兴趣的卦名，一一做一些介绍。

首先，第一个是“乾”卦。这个卦太有名了，跟它有关的名言有：“天行健，君子以自强不息。”我们知道，“乾”有天的意思，也代表阳刚、生命之气，它是万物始发的元气。“天行健”，也就是我们看到的天象每天都在运转，没有一天懈怠，于是，人们便从中悟到“君子以自强不息”的道理。我们也应该像灿烂的太阳一样，永恒地东升西落，按时运行，充满刚健强劲的活力，每天都精力充沛，奋发向上。

此外，这个卦象，又有六个爻，每个爻又有不同的解释。也是从更加详细的角度，告诉我们如何自强不息。比如初九这个爻，爻辞是：“潜龙，勿用”。傅佩荣教授的解释较为通俗易懂。他说：“青少年在19岁以下，都算是处在初九的状况。这时恰好是求学的时机，除了认真学习之外，谈不上什么专长……即使才学兼备，也应看看天时、地利、人和是否都合宜。《易经》讲究时机和位置，年轻时做个潜龙，将来才有机会一飞冲天，大展宏图。”说得直白一点，就是年轻的时候，重在韬光养晦，厚积薄发。可以说，乾卦基本上把一个人一生的奋斗史都勾画了出来。

其次是坤卦。与它相关的一句名言是“地势坤，君子以厚德载物”。“坤”象征大地。这句话的意思是大地广博深厚，含育万物，包容性极大。它的品格柔顺而温和。因此，君子当以大地为榜样，学习它的深厚与随顺，胸怀宽广，方可获得正固吉祥。

此外，特别要向大家推荐的还有第五个卦“需卦”。“需”，同“须”，这个字的古义有柔弱、等待的意思。在《左传·哀公十四年》中，有这样一句话：“需，事之贼也。”意思是：遇事优柔寡断、拖延滞后，是成事的大敌。然而《易经》中的“需卦”却是告诫大家要善于等待，有时也要懂得忍耐，学会宽和柔弱。因为过于刚健，则有可能轻浮躁动而陷于危险。比如“需卦”中举了一个例子，遇到非议以及言语的伤害，该怎么办？“需卦”给出的建议是“需于沙，小有言，终吉”。“需于沙”，是等待在沙地的意思，这个比喻非常巧妙！它强调做事要宽和忍耐，不能因为陷于沙地，而感到难受，便躁动不安，要练就在沙地中等待的功夫。就像遭到了言语之伤，若能宽衍，戒躁急，终获吉祥。此外，“需卦”中还说：若有不受欢迎的客人来了，如能恭敬款待，亦可终获吉祥，这些都是有道理的。

“需卦”后面是“讼卦”，关于人我之间的纷争。说得更加详细一点，如“不永所事。小有言，终吉”。也就是说不要总是纠缠在人我争讼的事情上面，稍微争论几句也就可以了，结果终究还是吉利的。若是总纠缠在这样的人我是非上面，争讼不断的话，则是不吉利的。有时真的是这样，“忍一时风平浪静，退一步海阔天空”。这不是教我们怯弱，而是教我们胸怀宽广，和“坤卦”也是相通的。

再比如“否卦”和“泰卦”，有否极泰来之喻。“谦卦”则教人谦退致福，“坎卦”教人艰难前往，必有所成，“咸卦”甚至对男女早恋问题给出了建议，“颐卦”教人遇有可疑之事该怎么办，“困卦”教人如何对付流言。凡此种种，不胜枚举。难怪孔子50岁学《易经》觉得迟了，而且时间不够，感叹要是多学点易经，就能避免犯下大的过错了。

学了《易经》，老虎尾巴也能踩得。如果要我给《易经》写一句广告词，我就写这一句。不信，你看第十个卦——履卦。“履卦”里多次提到“履虎尾”的事情。这个卦的兆象就是说人踩到了老虎的尾巴，但是这个老虎竟然不咬人。这是为什么呢？九四爻给出了解释：“履虎尾，愬愬，终吉”。“愬愬”是谨慎而有警惧之心的意思。如果你鲁莽地踩了老虎的尾巴，当然是极其危险的。《尚书》里云：“心之忧矣，若蹈虎尾。”这个“履虎尾”可以理解为冒犯了别人的意思。比如，你一不小心得罪了自己的老师，这时是不是就无法挽回了呢？非也，只要你怀着警惧之心，依礼而行，尚可挽救，“老虎”就不会咬人。

第七节　《易经》中的糟粕

前文把《易经》说得这么神乎其神，又是义理，又是象数，多方受益。但是，对待中华古代文化，实在是要小心辩证。《易经》里蕴含了许多的生活智慧，这一点是毋庸置疑的。大家可以参看傅佩荣教授的《听傅老师讲易经》，这本书通俗易懂，把六十四卦的生活智慧都通讲了一遍，虽然不是那么严谨，很有过度阐释的嫌疑。但是，仍然不失为活学活用的典型。尤其对普通读者来说，未尝没有借鉴的意义。毕竟不是每个人都能达到学者的知识水平。

记得朋友跟我讲过一个故事。说有一个人看书，总是挑书里的毛病，他的老师便告诉他，你看一本书，不要总是先挑它的毛病，这样你什么也学不到。难道那些书真的都一无是处吗？你应该先看到它的优点，再去挑它的毛病也不迟。于是，那个人被说得很羞愧，便换了一个眼光去看书，仍然保留挑剔的精神，但先看到好处，却让他受益更多。

"有人说《易经》是科学和迷信的混合物，这是对的，但要搞清《易经》的哪些是科学精华，哪些是迷信糟粕。无字《易》本身都是科学的，因为《易》是纯粹的数理逻辑体系，这是《易经》的精华和科学部分。”这一点应该是没有问题的。那么，《易经》中的糟粕到底体现在哪里呢？

首先，人们觉得《易经》是一本算命书，凡是算命书就是封建迷信，就是糟粕。这个说法是否成立呢？首先，《易经》确实可以用来算命，但是，它绝不仅仅是一本算命书，不能因为给它贴了一个“算命书”的标签，就说它是糟粕，这个是缺乏说服力的。但是，由于《易经》具占卜之用，所以容易被一些心术不正的人利用，打着《易经》的幌子招摇撞骗。这并非《易经》本身是糟粕，而是《易经》被糟蹋了。如果你缺乏辨识的能力，便容易受骗上当。日后醒觉过来，便以为《易经》是糟粕，这对《易经》实在是不公平的。

其次，《易经》中较为明显的糟粕应推重男轻女的思想。比如“大过卦”中的九二爻与九五爻，两相对比就能看出。“大过卦”的九二爻说：“枯杨生稊，老夫得其女妻，无不利。”意思是枯萎的杨树长出了新芽，意味着老男人娶了少女为妻，没有什么不吉利的。这也可算是“老夫少妻”最早的来源吧。如果光是这样，也就罢了。就在同一个卦中的九五爻中，却紧接着说：“枯杨生华，老妇得其士夫。无咎无誉。”意思是，枯萎的杨树开花了，老女人嫁了少年郎，没有过失，也没有荣誉。《象辞》里进一步解释说：“老女人嫁少年郎，这怎么能长久呢？这事名声也不太好。”从这里可以看出《象辞》是在用重男轻女的伦理思想来解释爻辞。可见，“无字《易》”是科学，而“有字《易》”则有可能存在问题，至于是不是糟粕，还需要依赖读者自己的判断。

总体而言，《易经》所包含的智慧是无穷的，它所产生的影响也是深远的。我知道一位老师，从小就让自己的女儿读《易经》。当然，她是在读了一些四书五经，以及蒙学之后，才有这个基础来读《易经》的。所以，关于读《易经》的适宜年龄到底是多少岁，并没有一个统一的说法。许多文化名人是50岁以后才读《易经》，也有从小就开始读的。这个恐怕要看个人的“书缘”，没有必要整齐划一地去规范。但是，有一点是肯定的，无论是从什么时候开始阅读《易经》，都是无法一蹴而就的。这是一部需要你慢慢阅读的经书。耐心耐烦方能够读出趣味，读出意义。

此外，关于古书的糟粕，我还想举几个例子。鲁迅曾在《华盖集·青年必读书》中说过：“我以为要少——或者竟不——看中国书，多看外国书。”鲁迅是鼎鼎有名的了，或许有人已经听说过鲁迅的这个说法，想必一定要被吓住了。可是，你知道鲁迅先生读过多少古书吗？鲁迅7岁的时候，在绍兴读私塾，直至18岁时离乡背井去南京读洋务学堂。中间整整十年的时间，他读完了中国传统教育要求学生阅读的全部重要的古书。他自己也承认：“我几乎读过十三经。”而且，他在晚年的时候，依然喜欢购买古书，尤其是喜欢线装书，并不喜欢现代化的铅字书。

那么，他为什么要叫青年少看或不看中国书呢？他说这句话的时候是1925年，这一年孙中山去世，撒切尔夫人、肯尼迪总统诞生。当然，这些事件之间没有必然的关联，我只是想要增加大家对1925年的印象。这一年在中国也发生了许多大事。罢工频仍、地震、煤矿爆炸事件时有发生。这一年，还发生了惨绝人寰的五卅惨案。总之，1925年并不是一个太平年。鲁迅向来对中国人便“哀其不幸，怒其不争”，何以中国人会这个样子？他有些偏激地将责任推加在了中国传统文化身上，认为中国传统文化把人塑造成了“僵尸”，甚至还会“吃人”。

比如，过去等级制度过于森严，三纲五常，三从四德，对女子极为不公。这些的确都是中国传统文化流传下来的弊病。但这些弊病，已经随着封建社会的推翻，得到了极大的纠正。此外，1926年正是南方革命的蓬勃发展时期，7月，国民革命军出师北伐，在这样的战争年代，对青年来说，读古书的确有些不合时宜。但是，鲁迅说不要读古书的语境，如今已经发生了巨大的变化。我们对他说的这句话，便不能不重新思考。

你若多读一些鲁迅写的文章，就会觉得，如果不读古书，他哪里又写得出来那些文章呢？尤其是《故事新编》，那些故事不都是古书告诉他的吗？哪怕是新编，也要有旧的底子。我们还可以大胆地揣测一下，也许鲁迅不读古书，他压根不会“作文”。还可以反过来想，便能明白，鲁迅实际上读过不少古书，并且爱读古书，从古书中获得不少写作的材料，思想的资源。但他不尽信古书。他对待古书的态度表面上激烈，实际上却是辩证的。所谓“尽信书不如无书”，先人早就讲了。然而，尽不信书，那也就无所得了。

无独有偶，著名学者曹聚仁先生二十多岁的时候，就登上了复旦大学的讲台。他写了一篇文章叫做《我的读书经验》，竟也在书的末尾呼吁：“若要我对青年说一句经验之谈，也只能这样：

‘爱惜精神，莫读古书！’”要是单独把这一句话挑出来看，且慑于曹聚仁先生的威信，便以为他说的话是真理。你若看了整篇文章，便会明白，他也是一个读尽了古书的人，并且因此成为了作家、学者。

他比鲁迅启蒙得还早，四岁时就开始读《大学》《中庸》，一直读到了《近思录》。其中，《诗经》就背过九遍，《礼记》和《左传》就读过两遍。但是，我们仍然不能忽略，他们对待古书的辩证态度。而且，他们真正的目的，并不是反对古书，而是希望大家不要被古书给束缚住，要能够读得进去，跳得出来。而且不能因为读了古书，就变成了一个老气横秋的僵尸，或把自己的大脑当做别人思想的跑马场，而没有自己的见解。这也是两位大师对青少年一代用心良苦的忠告。

总之，你会发现，嚷嚷着不要读古书的，往往是两种人。一种便如鲁迅和曹聚仁先生一样，读尽了古书。另一种，便是看不懂古书的人。后者，很有一点吃不着葡萄，说葡萄酸的味道，当然不足为取。更多的人，对古书的态度还是充满喜爱和向往的。

第八节 名人如何学《易经》

第一个认真学习《易经》的知名人物是孔子。这个孔子简直无孔不入，因为我们总是要提到他，这也是人家的本事。如果你能成为任何一个领域绕不开的人物，那么你就可谓成功了，孔子就是这么一位成功人士。但自古以来都有这样一个现象，就是生前默默无闻，穷困潦倒，死后却声名鹊起，身价倍增。许多画家、名人都是这样，难怪杜甫要感慨："千秋万岁名，寂寞身后事。"

读者也许想不到，大名鼎鼎的孔子，曾经一度沦为丧家之犬。因为他周游列国，到处推行自己的"仁政"，却无人重用，可谓生前并不得志。好在他有那么多的学生，这些学生崇拜他，跟随他，向他请教，孔子从中才感受到自我人生价值的实现。孔子志向远大，后来他的许多学生都把他推崇为圣者。但是他少年时期，身份地位比较贫贱，所以掌握了许多求生的技能，自然也曾犯下过一些错误。所以，他才会对"人非圣贤孰能无过"那么有感触。一个没有犯过错误的人，是说不出这样的话的。

孔子生活在一个礼崩乐坏的时代，他"十五有志于学"，想要恢复周礼，于是整理古籍，总结前人的知识，把周朝"六艺"中的礼、乐、书三类保留了下来，另外再增加了《易经》《诗经》

和《春秋》三类，总共形成易、书、诗、礼、乐、春秋六大类，后世称为“六经”。由于其中的《乐经》散佚了，所以后世改称“五经”。其中，《易经》排在首位，可见它在孔子心中的地位。

孔子曾在《礼记·经解》中阐释“六经”的优点、缺点以及学习六经的注意事项，评价非常客观而且切中要害。如：“其为人也，温柔敦厚，诗教也。疏通知远，书教也。广博易良，乐教也。絜静精微，易教也。恭俭庄敬，礼教也。属辞比事，春秋教也。故诗之失，愚。书之失，诬。乐之失，奢。易之失，贼。礼之失，烦。春秋之失，乱。其为人也，温柔敦厚而不愚，则深於诗者也。疏通知远而不诬，则深於书者也。广博易良而不奢，则深於乐者也。絜静精微而不贼，则深於易者也。恭俭庄敬而不烦，则深於礼者也。属辞比事而不乱，则深於春秋者也。”此段话体现了孔子晚年思想成熟的高度，值得大家细细品味。

我们单挑出《易经》来说，《易经》的优点是“絜静精微”。“絜”字，古同“洁”，所以也有直接写作“洁静精微”的。“洁静”指出了《易经》有哲学、宗教方面的功能，使人的思想去除杂质，洁净宁静。从这个意义上说，有人便想到《易经》可以避邪，有人生了重病，枕边放一本《易经》就能把鬼怪吓跑。而“精微”则是指《易经》具有的科学性质，像科学一样精确，一丝不苟。

那么，《易经》的缺点是什么呢？孔子说：“易之失，贼。”“贼”在这里指伤害、错误、歪门邪道。如果你用错误的方法去学《易经》，以为掐指一算就能如何如何，这不是贼头贼脑，是什么呢？所以，孔子叮嘱：“絜静精微而不贼，则深於易者也。”

这也是告诉我们正确认识《易经》的优点与缺陷，做到这点，才能说是真正学好了《易经》。

正所谓“闲坐窗前读易经，不知春去已多时”。古人学《易》到了这样痴迷的程度。《易经》引起过不同时代的人们的兴趣。古代就不用再说了，现代有郭沫若、朱自清，等等。朱自清先生在中学生眼中，应是以《背影》一文出名的。他写有一本书叫做《经典常谈心裁》，这本书推荐大家去看看，是一本涵盖了三千年中国古代文化的入门书。书中明确指出：“在中等以上的教育里，经典训练应该是一个必要的项目……再说做一个有相当教育的国民，至少对于本国的经典，也有接触的义务。”

书中讲到《易经》，说《易经》被认为是世上最难读懂的两本经典之一，另一本是印度的古籍《波尼尼经》。朱自清接着说：“恐怕不是难读，而是难懂。”就同算卦容易解卦难是一个道理。所以，朱自清先生建议大家学《易经》的方法是：“按金克木先生的说法，第一是把文言当白话读，第二是可以跳着读，千万不求处处都懂，第三是自己去解说，边读边解。别去找标准答案，那是不存在的，深浅只能由自己，别人是帮不上忙的。”这个建议十分中肯。

那么，当代人如何学《易经》呢？除了那些高校里的学者、教授、专家，他们有时间、精力、兴趣去研究之外，还有人在学《易经》吗？答案是肯定的。著名的漫画家蔡志忠先生就是一例。他曾致力于图说“诸子百家”，沉浸在中国古代文化典籍中。他说他画这些经典，不想搞得太学术，希望能使经典有趣一些，简单一些。他有一本《漫画易经》，大家也不妨去看看。

曾有记者对蔡志忠先生做过一个采访。记者问："您认为传统文化对于生活在科技时代的我们有什么意义？"蔡先生回答道："春秋战国留下的哲学思想，让我们能在做人、行为处事、治国等方面有所依据；诗经、楚辞、唐诗、宋词、元曲等文学作品陶冶了我们的情操；八卦、易经、理学、禅宗思想等也扩大了我们的视野和想象空间。不要怀疑古籍有帮助我们的能力。老子与宋代的张载就是最好的理论物理学家，老子的宇宙观到今天还被证明是正确无误的。而最重要的是，这些典籍令自己的大脑汲取不同的思想，多读诗词、文学著作又可提升人的气质和专心程度。"蔡志忠先生的图说诸子百家，许多都是针对青少年的。的确，青少年是我们民族的希望，真正的大家都非常关心青年一代的成长。

第九节　如同把玩古董一样

有学者说："八卦也算是一种智慧，虽然刻板、世俗得可以，却也能让人如同把玩古董一样地无穷玩味。"我们且抱着这样的心态，来读一读《易经》的原文。

把玩古董，自然是需要眼力与耐性的。除此之外，还需要知识储备与丰富的联想能力。就拿沈从文研究文物时的心态来看，有些人以为坛坛罐罐都是没有生命的东西，和这些无生命的东西打交道，十分枯燥。但是，沈从文却从这些坛坛罐罐中看出了许多丰富的信息。可以说，每一件文物，甚至是每一件普通的物什，它们都会说话，都保存着或多或少的信息等待人们去打开。正如沈从文自己所说："看到小银匠捶制银锁银鱼，一面因事流泪，一面用小钢模敲击花纹。看到小木匠和小媳妇作手艺，我发现了工作成果以外工作者的情绪或紧贴，或游离。并明白一件艺术品的制作，除劳动外还有个更多方面的相互依存关系。"

沈从文后来不当作家了，转而搞文物研究，他一坐下去就是十几个小时，专心致志。就是因为他看到的比别人多，看的方式比别人有情、有味。他的学生汪曾祺说："他搞的那些东西，陶瓷、漆器、丝绸、服饰，都是'物'，但是他看到的是人，人的聪明，人的创造，人的艺术爱美心和坚持不懈的劳动。"读《易经》也如同文物研究或把玩古董一样，因其古老，因其与我们相隔久远，所以更加需要耐心与联想力。

我们都知道六十四卦是由八卦所组成的。那么，我们先从基本八卦的象征说起。

一、乾卦。乾卦在自然界指"天"，它的基本性质是刚健不已，它由三条阳爻构成，而阳爻代表的是变化的主导因素。可见"乾卦"是非常活跃，有力量的。它在家庭中指父亲，过去说"乾坤生六子"，"坤"指母亲，而一家八口在古代是常有的事，甚至成为了标准的家庭结构。一般来说，父亲都是一家之主。所以，在身体上，乾卦可以代表头部。而在动物中，乾卦代表马，因为马最能走。

二、坤卦。坤卦是由三条阴爻所组成的。阴爻是比较被动的，代表着承受、顺受的力量。在自然界，坤卦就象征大地，而它的基本性质是柔顺。在家庭中，它指母亲，在身体上，它指腹部。而在动物中，它可指牛。这些都是符合坤卦的基本性质的。

三、震卦。如果说乾卦代表父亲，坤卦代表母亲的话，那么震卦就是长子。从卦象上来看，它由三根爻组成。爻是从下往上看的，按照这个顺序，震卦的第一根爻是阳爻，另外两根都是阴爻。在卦象中，是以少为主的。阳爻偏少，说明这个卦属于阳性卦。很显然，震卦就是长男。它在自然界中指雷声，基本性质是充满阳刚之气。在身体上指足部，充满行动力的部分。在动物中，它指龙。一般来说，长子的责任重大，其前途也不可限量。

四、巽卦。从巽卦的画法来看，它由一阴二阳组成，阴爻在最底下，可见它属阴性卦，在家庭中，可代表长女。因为阴爻的中间是断开的，所以容许空气的流动。巽卦在自然界代表风，而它的基本性质就是一帆风顺。而由于古代的风神都是鸟的形状，所以巽卦在动物中可指鸡，也是鸟的一种。

五、坎卦。它由一阳二阴组成，所以它是阳性卦。由于阳爻在中间的位置，所以它在家庭中可指中男，在自然界中指水，基本性质是“陷”，因为水深难测，犹如陷阱。在动物中可指猪，因为猪喜欢潮湿的地方。

六、离卦。它的爻从下往上看，是阳阴阳。以少为主，说明离卦是阴性卦。在家庭中指中女。它与坎卦相对，在自然界中指火。由于火代表光明，所以它在身体上可指眼睛。

七、艮卦。艮卦的画法从下往上分别是阴爻、阴爻、阳爻。可见它属阳性卦，在家庭中指少男，最小的儿子。在自然界中指山，它的基本性质是“止”。因为古人遇山则止，无法跨越。在身体上指手，因为手会阻止别人的侵犯。在动物中可代表狗，因为狗能阻止陌生人来到家中。

八、兑卦。它的画法从下往上分别是阳爻、阳爻、阴爻。它在家庭中指少女，即最小的女儿。在自然界中指“泽”，基本性质是喜悦。

了解这些基本八卦以后，再去看六十四重卦，就能从卦象上分析，重卦的上卦和下卦之间是否和谐，从而确定重卦的性质。拿卦十二“否卦”来说，它的上卦是乾卦，下卦是坤卦。可以想象是天在极高之处，而地在极低之处。天地无法交合，所以“否卦”象征着闭塞，人们之间的来往不通畅，天下没有便利之处。这时，君子应“以俭德辟难，不可荣以禄”。

与“否卦”相对应的是“泰卦”。泰卦的上卦是坤卦，下卦是乾卦。意味着地气上升了，而乾气下降了。阴阳二气有升有降，说明天地之间顺畅通达。这时，君子便可以把握时机，合理地调度，以促成天地化生万物之机，使人民安居乐业。

“否卦”和“泰卦”也寓意着否极泰来，泰极否来的道理。这和老子所说的“福兮祸之所伏，祸兮福之所倚”十分相近。先人的智慧告诉了我们：生机中隐伏着危机，危机也是生机。这二者之间永远是互逆互顺、互相转化、事在人为的。

下面再介绍一个特别的卦，即“谦卦”。谦卦是《易经》当中唯一的六爻都“非吉则利”的一卦。

原文：卦十五 谦卦（艮下坤上）：“天道亏盈而益谦”，“谦谦君子”。

讲解：之前在八卦的象征中说过，“艮”指山，“坤”指地。这是高山隐藏于地中的表象，象征着有卓越才能的人，将高才美德隐藏于心中而不外露，所以称作“谦”。谦虚历来被誉为中华民族的传统美德，关于谦虚的名言也有许多。比如“满招损谦受益”，“谦虚纳百福”等。天之道是损有余而补不足的，谦谦君子也是这样。他们能够损多益少，衡量各种事物，然后取长补短。

卦辞中还说：“谦谦君子，用涉大川，吉。”意思是谦虚而又谦虚的君子，可以涉过大河。象征着谦谦君子能够克服一切困难，排除一切障碍，最终安全吉祥。即使是一时处于卑微的地位，也能够以谦虚的态度来自我勉励，而不会因为位卑，就在道德方面放松修养。如此，谦虚的美名在外，自然可以固守中正，终获吉祥。谦卦中的每个爻都在勉励君子把勤劳而谦虚的美德保持到底。比如：“劳谦君子，有终，吉。”“无不利，撝谦。”意思是要发扬谦虚的美德，没有什么不吉利的。

怪不得中国人一直奉谦虚为美德。但是，一个人谦虚，并不代表缺乏自信。或者，反过来说，一个人缺乏自信，并不等同于谦虚。真正的谦虚是要有前提的。如赫尔岑所说：“只有坚强的人才谦虚。”尼采则说：“谦虚基于力量，高傲基于无能。”由此可见，真正谦虚的人，内心是强大的。“一知半解的人，多不谦虚，见多识广有本领的人，一定谦虚。”但是，虚伪的谦虚或谦虚过度，都是不足取的的。华罗庚就曾说：“虚伪的谦虚只能博得庸俗的掌声，而不能求得真正的进步。”

作家木心说得就更好了，他一定是看过《易经》的。他在《剑柄》中写道：“一味冲谦自牧，容易变成晦黯枯涸。终身狂放不羁，又往往流于轻薄可笑。冲谦而狂放的人不多。谦狂交作地过一生是够堂皇的。不谦而狂的人，狂不到哪里去，不狂而谦的人，真不知其在谦什么。”“冲谦自牧”有《易经》的影子，因为“谦卦”中有一句爻辞是“谦谦君子，用涉大川，吉。”《象辞》曰：“谦谦君子，卑以自牧也。”“自牧”是谦虚自守、约束自身的意思。木心先生也看出了一味冲谦自牧的弊端。

第二部分　不可不察的智慧：解“儒”

了解我们所生活的这个国度，找到我们自己的位置，是摆在每个人面前的一道难题。李泽厚先生说：“儒学（当然首先是孔子和《论语》一书）在塑建、构造汉民族文化心理结构的历史过程中，大概起了无可替代、首屈一指的严重作用。”儒家思想统治中国达两千多年之久，它是如何形成的呢？儒家思想为什么可以得到历来统治者的推崇？当然，它也曾经一度被抛弃过，那又是为什么呢？

首先，我们要搞清楚什么是“儒家”。从字词表面上的意思来看，“儒”在《现代汉语词典》里面的含义是指儒家或读书人，与“儒”最初的含义其实有些差异。“儒”最初是指一种职业，从事这个职业的人也被称为“术士”，或“方士”。比如秦始皇统一中国之后，想要长生不老，就找了许多方士给他炼长生不老丹。可是，没有一个术士能够炼出这种仙丹，秦始皇一怒之下，把许多术士给活埋了，所以留下“焚书坑儒”的臭名。这里的“坑儒”其实是指活埋了许多方士。除此之外，古代的“儒”还专门负责主持丧葬礼仪及习俗，他们的社会地位十分低下，收入也极少。所以，他们总是要听人指使，养成了懦弱的性格。所以，古时的“儒”，又通“懦”，含有懦弱的意思。

那么，“懦弱”如何升级为“儒雅”了呢？

随着时代的发展与进步，“儒”这个群体开始发生了分化。一部分人专门预知天气、占卜吉凶、作法求雨；另一部分人专门主持祭祀礼仪，为王室与诸侯服务；还有一部分人由于掌握了六艺，即古代的六项基本才能，包括礼、乐、射、御、书、数，成为了学校的老师。“儒”掌握了这些技能之后，社会地位也得到了提高，由于腹有诗书气自华，学问的熏染使得原本的懦弱之“儒”，升级为儒雅之“儒”。

“儒家”最初便是由这样一群读书人和教书人所构成的。古代的读书人，都是要做官求仕的，慢慢的一些“儒”便也晋升到了贵族阶层。他们多为统治阶级服务，他们的思想与学说便形成了积极入世的“儒学”。说到儒学，又不得不提到孔子。孔子幼年丧父，家道中落，他想要改变命运的最好方法便是学习当时非常时兴的“六艺”，如果学得好的话，便能进入仕途，实现自己的理想。于是，孔子很早就开始钻研六艺。后来，他根据六项基本技能的需要，编纂整理了相应的学习资料，如《诗》《书》《礼》《易》《春秋》《乐》。所以，这 6 本书也被称为“六艺”。

孔子整理“六艺”之时，正逢乱世，社会风气“礼崩乐坏，武力横行”，于是，孔子便产生了恢复天下的秩序与规范的愿望。他通过学习和思考，不仅把“儒”作为安身立命的手段，而且赋予“儒”传承文明，恢复周礼的重任，从而使“儒”再次发生了重大的转变，成为了一个以天下为己任的思想学派，其崇高地位不言而喻。可是，他的学说在当时并没有引起重视。

孔子晚年大规模地收徒讲学，弟子达三千余人。所谓“薪火相传”，既然统治者们更爱烽烟四起，不如转而在青年人的心中播下光明的火种。且不论儒家学说的利弊，光从这一点来看，孔子也值得我们尊敬。而且，儒家学说的初衷应该说是好的。哪怕难免有局限，也难以抹杀它的合理之处。孔子创立的儒学当中，包含了仁爱、孝顺等一系列关乎于人的伦理思想。过去，周朝便是用这一套蕴含着仁、孝本质的礼乐制度来维护政权，使得君臣、上下的关系在一种严明的等级秩序当中，维持着和谐的社会局面。而孔子主张恢复周礼，在当时“天下务于强力”的情况之下，貌似有点逆历史潮流而行。所以，孔子生前受到“七十余君”的冷遇，也是在所难免。

孔子的遭遇，也就是早期儒学的遭遇。但是，孔子去世之后，儒家学派并没有消亡，他的弟子仍然做为一股不可忽视的社会力量而继续存在。据史料记载，孔子的弟子中有 4 人后来成为知名教授，分别是子夏、曾参、子羽和瞿。其中，子夏从孔子那里得到了《诗经》的真传，曾参“能通孝道，故授之业，作《孝经》”，子羽“南游至江，从弟子三百人”，瞿则跟随孔子学习《易经》，精通易理。

战国时期，出现了两位大儒，他们分别是孟子和荀子。其中，孟子被称为“亚圣”，他的思想与孔子的思想并称为“孔孟之道”，亦指儒学。孟子提出了“性善论”，而比孟子晚出生半个世纪的荀子则提出了“性恶论”。荀子学识渊博，著有名篇《劝学篇》，他继承了孔孟之道，但是又博采众长，建立了自己的思想体系。现存《荀子》32 篇，强调环境与教育对人的影响。

秦汉之际，儒学的发展则险些遭遇灭顶之灾。司马迁曾在《史记·列传·儒林列传》中留下记载：“及至秦之季世，焚《诗》《书》，坑术士，六艺从此缺焉。”好在儒学仍然保留了齐鲁这个根据地，有一批矢志传播儒学的学者，曾在艰难的禁书时期，把一些经书藏于墙壁当中。

汉代儒学的命运发生了好转。汉初的统治者吸取了秦国灭亡的教训，主张黄老无为，休养生息，恢复实力。武帝在位时，“招方正贤良文学之士”，聘用了文学儒者数百人，使儒生有了重新研究经学的机会。人们也开始纷纷对儒学产生了兴趣。因为通过学习儒学，可以入仕做官。儒学便成为了黎民子弟的晋升之阶。

其实，儒学的问题也许正出在这里。因为有那么多人是为了登入仕途而学习儒学，并非真心接受那些道德实质，所以就出现了道德虚伪的儒生，甚至有人为了登入仕途，而耗尽毕生的精力。正如《儒林外史》中所反映的，范进中举便是有名的一例。

第二章　无“孔”不入——《论语》

首先要说明《论语》的作者并不是孔子，孔子向来是“述而不作”的。《论语》是孔子的弟子记录下来的一些关于孔子言行的著作。所以，孔子虽然不是《论语》的亲笔作者，却是这本书中的核心人物。这位大名鼎鼎的人物，是中国历史上第一位正式传道授业解惑的老师。现在，以他命名的孔子学院也已经遍布全球。

第一节　天以百凶成就一哲人

孔子出生在两千多年前，是鲁国的陬邑人（今山东曲阜），距离泰山只有大约80公里的路程。因此，后世有人将孔子比作泰山。所谓人杰地灵，出生地与一个人的关系，常被后来人所津津乐道。有人认为，了解自己的出生地，也就可以间接地了解自己本性中潜藏的那些因子。当然，二者并没有必然的联系。否则，泰山脚下的人们岂不是都伟岸高大？这还是要看个人的感应能力。有一些人善于从大自然中学习，就像诗人总是比常人对季节有更加敏感的觉察能力一样。

孔子的觉察能力应该说是比较敏锐的。他曾经游历泰山，留下了“登泰山而小天下”之感慨。泰山给他的潜移默化的影响，使孔子日后成为了一位为世人所“高山仰止，景行行止”的圣人。其实，孔子并没有我们想象的那样遥不可及。钱穆在《孔子传》中就说，孔老夫子一向谦逊，没把自己当圣人，而且他也不希望别人把自己当圣人。正所谓“古来圣贤皆寂寞”嘛！孔子也是凡人肉胎，他和我们一样，也有常人的喜怒哀乐。

首先，从家庭出身来看，他就不是什么官二代、富二代，他得靠自己的奋斗才有出头之日。孔子说自己“少年贱而多鄙”。而且，他是老夫少妻的产物。孔子的父亲名字叫做叔梁纥，六十多岁了，生有 9 个女儿，还有一个瘸腿的儿子。叔梁纥感到这个儿子有些缺憾，还想再生一个儿子。于是，他选定了尼丘山脚下的一个小山村、现在因孔子而闻名、被称为“颜母村”的一户颜姓人家的女儿。

颜家总共有 3 个女儿，家里比较穷困，再加上叔梁纥在本县还有一点地位，且自诩是圣人的后裔，对颜家有一定的吸引力。于是，颜父便做主把自己最小的女儿嫁给了年近古稀的叔梁纥。叔梁纥的目的很明确，他想再要一个儿子。依照当地的风俗，求子的人都会去尼丘山祈福，叔梁纥也去了。不知是尼丘山显灵了，还是其他原因，没过多久，颜女就有了身孕，叔梁纥实现了老来得子的美梦，一个健康的小男孩儿呱呱坠地了。只见他的头颅形状有些奇异，呈中间低四周高状，像极了尼丘山的样子。于是叔梁纥就给这个小男孩儿取名为“孔丘”。谁也没有想到，日后孔子的地位比尼丘山还高。人们甚至为了避讳孔子的名字而将“尼丘山”改名为“尼山”。

老来得子，对父亲来说是一件喜事，但是对孩子来说，则面临着早年丧父的危险。孔子3岁时，父亲便去世了，当时他的母亲也才二十多岁，剩下一对孤儿寡母，无依无靠，他们搬家到了鲁国的都城曲阜。曲阜原是西周的重要封国，素有“礼乐之邦”之称。孔子到了这里，受到当地风俗的影响，对乐舞和祭祀都充满了好奇心。他常喜欢和小朋友们一起模仿大人，毕恭毕敬地作揖行礼。他也喜欢“过家家”似的，把一些小碗小碟摆在桌上，当作祭祀用的礼器。孔子的母亲，后世称为“颜母”，看到孔子如此喜欢周礼，于是给他买了一些真正的礼器回来。孔子为此受到了极大的鼓舞，对周礼也更加热爱起来。

孔子长大之后，不再满足于“过家家酒”，颜母便教他看书识字。因为孤儿寡母，家道中落，他们请不起私人教师，便只好“随地得师”“转益多师”。孔子说自己15岁有志于学，那时的孔子还是很快乐的，就像一边播种，一边收获一样，何等乐事！所以他后来才会说：“学而时习之，不亦说乎？”然而，不幸的是，孔子17岁的时候，颜母又离他而去了，孔子心中异常悲痛。为了表达悼念之情，孔子认为必须建立一种外在的形式，通过这个形式去悼念亡灵，使得这种悼念永远地保存下去。于是，孔子进而发现了“礼”的重要意义。“礼”是这样一种形式，它在最初的时候，其实具有着神圣的、虔诚的、严肃的寓意。人们在“礼”中寄托了许多情感，只是时间一长，“礼”容易变得僵化，落得徒有其表而已。

颜母逝世以后，孔子按照礼仪来纪念母亲的愿望十分强烈。他执意要将父母亲合葬在一起。可是，在他父亲去世的时候，他还只是一个懵懂无知的小孩儿，甚至连父亲被葬在哪儿都不知道。于是，他先将母亲的棺材暂放在一个叫“五父”的十字大街口，预备打听到父墓的所在，再进行合葬。孔子寻父墓的事情流传了开来，陬地的一位车夫的母亲听说了这件事情，深深为之感动。她特地赶到了阙里，将叔梁纥的墓地告诉了孔子，孔子的愿望终于得以实现。据说，孔子将其父母合葬之后，为了能够记住父母墓地的所在，方便日后祭拜，由他首创，在墓上堆起了一个坟头。据古籍记载，“墓而坟”和夫妇合葬，均是孔子的原创。

孔子从此成为了一个孤儿。然而，他却赢得了“素王”之称。所谓“素王”就是没有王者之位却有王者之德的人。他是如何做到的呢？孔子成长的环境，当时是十分混乱的，大国之间争雄称霸，而小国则朝不保夕，战争不断。当时，鲁国君权旁落，国势衰微，百姓不得安生，民怨沸腾。孔子出身较为低微，因此对百姓的疾苦有更多的切身体会。他希望国家推行仁政，于是开始了他的传道羁旅。

他的羁旅生涯充满了华丽的冒险，孔子常受冷落甚至遭人迫害。《列子·杨朱》中记载：孔子“伐树于宋，削迹于卫，穷于商周，困于陈蔡，受屈于季氏，见辱于阳虎，戚戚然以至于死”。这段话记载了孔子一生所遭受的耻辱，尤以他在宋国和郑国的遭遇令人感慨万千。那次，孔子带领弟子子贡在宋国的一棵大树下演习礼仪，宋国竟然派人把那棵树给推倒了。孔子与子贡二人只好离开宋国而去郑国。谁知到了郑国，两人却走散了。孔子只好独自站在城门外等待，那时，子贡也在四处寻找孔子。一个郑国人告诉子贡说：“城门外有一个人，长得很难看，腰部以下比夏禹还短，看上去可怜兮兮、风尘仆仆的样子，像一条丧家之狗。那该不会是你的老师吧？”

子贡听了匆忙赶到城门，发现孔子果然站在那里，便把之前郑国人对他描述的那番刺耳的话告诉了孔子。原以为孔子会生气，或者难过，谁想孔子竟然哈哈大笑，不无自嘲地说道：“那个郑国人说我像丧家之狗真是对极了！”其实，孔子当时的境遇确实不大好。在他35岁的时候，前往齐国传道，可是齐景公听信了晏婴的劝阻，并没有重用孔子。晏婴说：“陛下，孔子过分推崇丧事，追求尽哀，不惜破费厚葬，而且到处游说以求取官禄，这种人不可靠。现在礼乐制度已经败坏，孔子那一套繁文缛节，已经不合时宜了。”孔子因此遭到齐景公的冷落，再加上齐国的大夫中有人想害孔子，孔子便返回了鲁国。

孔子回到鲁国以后，沉潜了十多年，学识几乎到了无所不知的地步。有一次鲁国掌权的大臣不知从哪里挖到了一个陶罐，里面有一只像羊一样的东西，却骗孔子说得到了一只狗。孔子仰仗自己的学识广博，并没有上当。他回答道：“据我所知，陶罐里面应该是一只羊。因为，我听说过，山林中的怪物和水中的怪物的样子，也听说过土里的怪物是一只雌雄不分的羊。”那位大臣听后，心中暗自佩服。可惜，鲁国内乱频仍，孔子一直又得不到重用，便不想再做官了。他操起了教书育人的旧业，显然，在这件事情上，他获得了前所未有的成功。他的学生越来越多，还有专门慕名从外地赶来拜师的，孔子也乐意以教书育人为业。

一直到孔子五十多岁的时候，他又被请去做官，并且接连升官。眼看鲁国的形势有所好转，齐国有些着急，他们怕孔子辅佐有功，鲁国定要称霸，而自己与鲁国毗邻，有先被兼并的危险。于是，齐国想出了一个主意，给鲁国送去了大量的美女和骏马，以迷惑鲁国的君臣，使他们终日里莺歌燕舞，纸醉金迷。孔子为此感到极度的失望，于是，他又离开了鲁国，带领自己的弟子游说列国，坚持推广自己的学说。那时，他已经55岁了。他不辞辛苦，先后游历了卫国、曹国、宋国、郑国和陈国等。一个年近半百的老人，如此颠沛流离，难怪被人说成是“丧家之狗”。孔子曾经说过：“天下有道则见，无道则隐。”既然当时的天下已大乱，孔子为何不选择退隐呢？关于这个疑问，“问津长沮和桀溺”两位隐士的故事可以帮助解惑。

一天，长沮和桀溺两位隐士在田里干活，孔子正好骑马路过，便叫自己的学生子路去问问渡口在哪里。长沮回过头来问：“那个手持缰绳的人是谁？”子路回答说：“那位是我的老师孔丘先生。”长沮又问：“就是鲁国的那个孔丘吗？”子路回答说：“是。”长沮便说：“他明明知道渡口在哪儿，又何必来问我。”子路不解，便去问桀溺。桀溺说：“你是孔子的学生吗？”子路回答说：“是”。桀溺便说：“天下的污秽与混乱就像滔滔江水一样绵延不绝，你们谁有能力去改变呢？跟随孔丘那样有政治抱负的人，不如跟随我们‘遁世无闷’的隐士呢。”说完，便头也不抬地干着手里的农活。

子路碰了一鼻子灰，悻悻然地走到孔子跟前，把刚才的那番对话告诉了孔子，孔子这下被击中了要害，颇为惆怅地说：“我是没有那个福分隐居山林，与鸟兽共享天籁了啊。如果天下太平，我还忙乎什么呢？正是因为天下无道、礼崩乐坏，我才想与你们一起去改变这个乱世啊。”子路听孔子说完这段话，心中无限唏嘘感慨，对孔子的敬意也增加了几分。

那时，有许多人并不理解孔子的做法，例如：郑国人辱骂他为丧家之狗，隐士们讽刺他沽名钓誉。再如《论语·宪问篇》中记载，微生亩问孔子：“你为什么总是这样不停地周游列国？你居心何在？该不会是想要卖弄口才吧？”孔子回答说：“我并不敢卖弄口才，我只是痛心世风日下，人心变得粗糙，不通仁义之道罢了。”

好在，无论是卑鄙小人的陷害，还是同时代人的误解，或是像老子和晏婴那样的重量级人物的嘲笑，都没有把孔子打垮。后来，人们提到孔子，便说他是“那个知其不可为而为之的人吧”。正是因为遭受了这么多的冷遇，孔子才会说出“人不知而不愠，不亦君子乎”这样的话来，他的确是这样自我安慰，并且安慰世人的。

朱熹说：“天不生仲尼，万古如长夜。”孔子正是那个手持着火炬的人，他不想再见到人们陷于黑暗当中，才乐此不疲地传道于诸侯列国。可是，孔子也有累了的时候。有一次，他问自己的学生：“为什么我们会落到如此的地步呢？”学生子路说：“老师，我猜想，或许是因为我们的仁德还不够，所以人们才不信任我们。或者是我们的智慧还不够，所以人们才不实行我们的主张。”孔子微皱着眉头，说：“难道有仁德的人就一定会得到信任吗？

你想想伯夷和叔齐就知道了，他们的仁德难道还不够吗？可是他们为何会被活活饿死呢？如果有智慧的人的主张就一定能够得到实行，为什么比干大臣会被挖去了心脏呢？”

子路被问得无话可说，低头告退。另外一位学生子贡进见老师。孔子又问子贡同样的问题，子贡说：“因为老师的理想太高洁了，所谓曲高和寡，所以君王们都无法接受老师的主张。老师能不能把它的标准稍微降低一些呢？”孔子感叹说：“一个农民播种得好，但是并不一定能够收获得好；一个工匠能够制造出精美的东西，但是并不一定能够满足大家的需要；同理，有道德、有学问的人有自己的主张，却并不一定能够让大家接受啊。如果只想着怎么迎合别人，这样的志向也太低了吧？”

子贡告退，颜回进见。孔子仍然拿之前的问题问他，颜回答道：“老师的主张太高洁了，所以世人都不能接受。但是没有关系，因为如果我们拿不出好的政治主张，这才是我们的耻辱。而我们拿出了一套好的政治主张，却没有人接受，这只能说是各国当政者的耻辱了。”孔子听了，非常高兴，笑着说：“我也是这样想的啊。”颜回可真会说话，想法也很乐观，正中孔子的下怀。看来孔子的执着中亦有几分骄傲。“知其不可为而为之”，或“明知故犯”的人，心中总是有一些骄傲在支撑着他们的信念，这里的“骄傲”便不再是一个贬义词。

有人说，孔子是一个失败的政治家，但是，他却是一位成功的编辑和教师。

他看到《诗经》《尚书》等古籍残缺不全，便决心整理典籍，且用此作为教材，深得学生的喜爱。当时，他的弟子已经达到了三千，得意门生据说就有72人。可谓官场失意，职场得意。他在编《春秋》的时候说：“后人认识我孔丘，将因为这本书；后人憎恨我孔丘，也将因为这本书。”可见，他对这本书的编纂十分重视。的确，君子“立言”也是贡献人类并且能流芳千古的方式之一。

孔子晚年开始对《易经》着迷，留下了“韦编三绝”的佳话。《易经》堪称一本天书，不仅因为它难懂，也因为它“通天理”。孔子50岁开始读之，所以他说“五十而知天命”，一方面得益于人生经验的积累，另一方面，也得益于《易经》的阅读。倦鸟归巢，孔子经过一番周游列国之后，最终回到了鲁国。从此，再也没有离开。在他回鲁国的前一年，他的妻子病逝，临死前都没有来得及见上孔子一面。孔子回家后，等待他的只有一个病中的儿子。不料两年后，他的儿子也不幸去世了。古人把幼年丧父、中年丧妻、老年丧子并称为人生之三大不幸，孔子全部都遭遇过了。我们不禁要感叹命运对他的残忍。

或许伟人都要经历这样不同寻常的命运。是谁说“天以百凶成就一诗人”，我想，天也以百凶成就了一哲人。难怪孔子看透了许多事情，也说出了许多别人说不出来的道理。比如，他说“古人有三种毛病：狂、矜持、愚笨。而今人却连这三种可爱的毛病都没有了。古时的狂是率性，今天的狂变成了放荡。古时的矜持是有棱角、有坚持，今天的矜持却变成了骄横自矜、自以为是。古时的愚笨是直爽、可爱，而今天的愚笨却不过是装装样子骗人罢了。”你看，孔子的眼光也是十分犀利的。难能可贵的地方正是在于他看透了这一切，却对这一切仍然保有着一颗善意与仁爱之心。

难怪在他的三千弟子当中，有那么多人都把他当做亲生父亲一样对待。子贡就是其中一位。子贡常常去探望风烛残年的孔子。一天，他正好遇见老师拄着拐杖在门口散步，孔子身体衰老得连腰都直不起来了。孔子看见了子贡，颤巍巍地说："子贡啊，你来得怎么这么晚？"子贡看到老师衰老成这副样子，心理十分不是滋味，竟然一时答不上话。

孔子紧接着叹息了一声，用悲伤的语调唱起了歌："泰山就要崩塌了吗？梁柱就要折断了吗？哲人就要逝去了吗？"唱着唱着，孔子不禁流下了两行浊泪。子贡赶忙扶他进屋里坐下，待二人的情绪缓和过来，孔子便对子贡说："世风日下，天道不行，我那仁政的主张竟然没有人要啊。我快寿终正寝了，我昨晚梦见我的棺材停在厅堂的柱子中间啊。"

看来孔子果真是"通天道"了。7 天之后，孔子就逝世了，享年 73 岁。鲁国的国君得知孔子逝世的消息后，深表哀悼。子贡见状，有些气恼，毫不客气地对鲁哀公说："老师活着的时候你不重用他，现在他去世了，你哭哭叨叨，有什么意义？"说完，子贡便拂袖而去，留下鲁哀公一个人惊得目瞪口呆。子贡怀着悲愤的心情，在孔子的墓边搭建了一座小房子，无论风雨寒暑，他守了 6 年。孔子其他的弟子也自觉为老师服丧，为期 3 年。3 年之后，孔子的弟子各奔东西，告别时大家都痛哭了一场，可见孔门的情意深重。

自孔子去世那年开始，每年都有人到他的墓前祭拜，而且把他的墓地修得越来越大，足足占了一顷之地。后来，许多人都到这里来举行各种礼仪活动。孔子生前住过的房子，被改成了圣庙。直到汉朝，都没有被废弃，一直维护得很好。真是“物是人非事事休，千秋万岁名，寂寞身后事，怎比得上眼前花开花落”啊。不过，反过来想，也正是孔子磨难重重的一生，才使他在我们心目中留下了更多可供想象的空间。

第二节　半部论语治天下

《论语》是一本语录体散文，它记录的是公元前五百多年孔子及其弟子的言行。当时的口头语言经过文字的记载，能够保留下来，且流传至今，本身就是一个奇迹。试想，这本书千辛万苦地跋涉了多少年，经过了多少人的阅读与摩挲，才抵达你的眼前？你可知道，无论是在时间的长度，还是空间的广度上，有多少人曾经或者正在阅读此书？这就是经典，毫无疑问的经典之作。当你想到这一点的时候，就会觉得这本书的分量立时重了起来，同时，一种肃然起敬的心情便油然而生。

我们都知道要阅读经典作品，但何谓“经典”？虽然许多书都已经贴上了“经典”的标签。但是，如果让你自己说说什么是经典，恐怕一时还说不大清楚。闻名中外且风格独特的意大利作家卡尔维诺为我们做了一个很好的诠释，他在《为什么要读经典作品》这本书中给“经典”下了12条定义。你会发现，他的定义比字典上的定义有趣多了，而且发人深省多了。

比如，卡尔维诺在书中写道：“经典作品是那些你经常听人家说‘我正在重读……’而不是‘我正在读……’的书。”“一部经典作品是一本每次重读都好像初读那样带来发现的书。”此外，“经典作品是这样一些书，我们越是道听途说，以为我们懂了，当我们实际读它们，我们就越是觉得它们独特、意想不到和新颖。”

是的，“独特、意想不到和新颖”是多么诱人的品质。对于一本书来说，它也像人一样，存在着魅力的问题。你不妨做一个调查，你身边有多少人读过或在读《论语》，有多少人喜欢《论语》，调查过后，你便能对《论语》的魅力指数打一个分。当然，最最公正的方法，并不是你的道听途说，而是亲眼所见。你只有拜读过后，才知道事情的真相到底是什么。你甚至可以力排众议，假如别人都不喜欢，而你却喜欢，你也不要怀疑自己的判断。假如别人都在叫好，而你却发现了问题，你也大可保留自己的看法而不受他人所影响。

《论语》这本书是经典，已经毋庸置疑。我身边有许多人，读过《论语》之后，从中受益匪浅。你可以先翻一翻《论语》，获取一个初步的印象。你会发现，它是一条一条精炼的语录。我有时把它想象成一支牛肉棒，或者一块巧克力之类的食物。这可不是我的牵强附会，首先，从模样上来看，也有些接近，它们一段一段地排列在书中，就像那些食物摆放在货架上一样，任你择取。你甚至不需要从头读起，可以随处开始，随处停止。

其次，从功能上来说，这些语录有时真能带给人无穷的力量。它时而能够抚慰你的心灵，时而能够振奋你的精神，它能使你的智慧发胖、强壮。无论男女老少，都需要这些营养的补给。只是，由于这些类似于能量的东西是生产于公元前五百多年的，所以，大家识别起来有些困难，还是需要一些注解，以帮助大家阅读。

我们先从“论语”二字开始。“论语”是什么意思呢？至今没有一个统一的说法。陆德明的《经典释文》卷二十四《论语音义》中说：“就字面直译，《论语》就是经过整理、撰次的对话，也就是对话集的意思。”班固在《汉书·艺文志》中说得更加清楚，他告诉我们，《论语》是孔子应答弟子、时人的话，以及弟子相互之间围绕孔子进行的对话。

当时，孔子的弟子对老师的言论都有所记录。孔子死后，弟子将他们认为较为精彩的言论整理、编辑了出来，故谓之“论语”。而李泽厚先生在《论语今读》中说：其实，望文生义，把“论语”直接理解成“讨论的话语”也未尝不可。总之，说到这里，我们大概都清楚了“论语”的含义。你千万不要被这个释义的繁琐而吓到。做任何事情，都要耐得住烦，才能有所成就。

那么，《论语》中到底蕴含了多少丰富的宝藏呢？有待我们一一揭晓。

首先，从语言艺术上来说，《论语》本来就是一本对话集，我们可以看到古代的贤人是如何提出问题与回答问题的。在这个过程中，有礼仪的规范，有情感的触动，更有思想的碰撞。所以，《论语》所记录的这些语言的主人公们虽然已经逝去，但是这些语言依然栩栩如生。它们还原了几千年前的对话现场，我们能够从中观摩到许多说话技巧。况且，说到言语艺术这个话题，实在是当代人必须修炼的一门功课。现在有许多杂志、著作、文章或讲座，就是专门讲教大家怎么说话的。比如《演讲与口才》这类杂志，著名主持人蔡康永还专门出了一本书叫做《说话之道》。可见，语言艺术无论在古代还是今天，都是非常重要的。古人云："良言一句三冬暖，恶语伤人六月寒。"我再一次忍不住地赞叹古人的感受能力以及表述能力。这一句话，比多少乏味的说教都来得有效。它让我们感受到语言技巧的魔力以及重要作用。并且，也让我们知道语言艺术并不是当今人们的独特需求，它是古今中外的人类的普遍的需求。孔子当然不会漏掉这个重要的问题。在《论语》中，对语言艺术的主张与看法也俯拾皆是。

孔子对时人和弟子说话也很有一套。他一贯秉持着因材施教的原则，针对不同的对象便有不同的说话方式。孔子具体是怎么操作的呢？他曾经说过："中人以上，可以语上也；中人以下，不可以语上也。"这句话的意思是，对于中等才智以上的人，可以和他谈论大道，因为他有这个能力可以承担重大的社会责任。而对于中等才智以下的人，则暂时不要与他谈论大道，因为他一时也领会不了，反而徒增压力。其实，通过教育，大部分的人都可以达到"中人以上"，都有聆听大道的资格与能力。只是看你有没有这个意愿，并且是否努力地去实践了。

不过，历史上有人对孔子的这句话有些误解，他们认为孔子把人分成了三六九等，是不好的事情。其实，这实在是冤枉孔子。孔子除了“因材施教”之外，他还“有教无类”，也就是说，他认为无论什么资质的人，无论贫富、贵贱、善恶、智愚、孝与不孝都可以而且应当受到教育。事实上，“有教无类”隐含着另外一层意思：人与人之间还是有着天生的“类”的差别的，但是人人都有接受教育的权利，而且通过教育可以达到“无类”的效果，实现人人平等。

其次，《论语》中还涉及了语言技巧的问题。孔子说：“谏者有五，吾从之讽。”“谏”旧时指规劝君主或尊长，使其改正错误。“谏者有五”即进谏的方式有五种，而孔子认为用打比方的方式最好，“讽”有讽喻的意思。总之，宜用婉言进谏，忌用直言进谏。亚圣孟子就很好地实践了这一点。他真的擅长此道，想必也是受到了孔子的启发。有一次，孟子到齐国去游说，力图劝说齐国的君王施行仁政。王曰：“寡人有疾，寡人好货。”意思是我有个毛病，就是喜欢聚敛钱财，施行仁政恐怕有些困难。孟子答道：“从前，周朝的部落首领公刘也喜欢钱财，《诗经》上有记载，他们的粮食很多，外满囤，内满仓。除此之外，还有许多干粮，口袋都装得满满的。但是，百姓都乐于为公刘效命，如果需要他们，他们便聚集在一起，服从于国威。遇到战事，他们便带上武器，浩浩荡荡地奔赴战场。因此，积累财富没有什么不好，如此，国力也强盛，人民也安康。大王喜欢聚敛财富，只要能与百姓一起共同致富，并共同享受财富，那么统治天下就没有什么困难了啊。”

还有一次，梁惠王问孟子，为什么自己采取了一些爱民措施，却不见自己国家的人数增多，邻国的人数减少。孟子没有直接回答，而是打了一个比方。他说："王的爱民措施和邻国的爱民措施相比起来，就像打仗时逃跑了五十步的人嘲笑那些逃跑了一百步的人，没有什么本质的区别。孟子之所以会跟梁惠王用作战的例子打比方，是因为孟子了解梁惠王"好战"，所以才"以战喻"。类似的例子还有许多，在《孟子》一书中俯拾皆是。

此外，庄子也是善于讽喻的高手。他回答问题常常喜欢用打比方或说故事的方式，道理蕴含在其中，比直言更加具有说服力。通过打比方的说法，可以使深刻的道理浅显化，抽象的概念形象化，容易为人所接受。关于庄子有一个著名的故事。有一天，庄子在河边钓鱼，楚王的使者来拜访，受王命想要聘请庄子做官，庄子持竿，头也不回，说道："我曾经听说楚国有一只神龟，死了已经三千多年，王用绸缎把它的尸骸包好，放在竹匣中，珍藏在庙里，供了起来。你们说，这只乌龟，是宁愿死后留下骨头让人们珍藏，还是希望活在泥巴里可以摇头摆尾，自由自在呢?"二位使者都说，愿意选择后者。庄子便说："是啊，那么你们走吧，因为我也更加愿意在泥巴里嬉戏。"实际上，庄子便用了这样巧妙的方式，拒绝了当官的礼聘。君王与大臣都心服口服，并不会因为遭到拒绝而加害于他。

可见，孔子这句"谏者有五，吾从之讽"总结得很好。

此外，除了语言艺术之外，在《论语》中还能学到如何修身养性、待人接物，等等。有一点要说明，孔子那时招收的一般是15岁以上的学生，这在古代来说，就相当于"大人之学"了。那么在大学当中，明德，亲民，止于至善可以说是孔子"大学"的校训。所以，孔子及其弟子把为人处世看得非常重要。比如弟子子张问“善人之道”，孔子说：“不践迹，亦不入于室。”意思是，子张问如何成为贤者？孔子教导说要跟随圣人的脚步。

无独有偶。西方有一位伟大的作家歌德曾经说过：比较晚的一辈人中有许多人长期在迷途中乱窜，他们自以为在尝试和摸索，却不知是在重蹈前辈的覆辙。青年人“不应该老是摸索和走错路，应该听老年人的忠告，马上踏上征途，向前迈进”。的确如此，如果每一代都重复摸索，重蹈覆辙，社会还怎么进步呢？这段话见于《歌德谈话录》。这本书也不是歌德本人写的，而是他的朋友、崇拜者爱克曼辑录的，和《论语》的成书经历有些相似。一般认为，能有语录体散文传世的人物都是较为了不起的人物。

此外，《论语》中还涉及如何学习，怎么样才算是“好学”，在家如何着装，出门在外要注意什么，如何区分君子与小人等问题。总之，古时有“半部《论语》治天下”之说。那么，我们读一部《论语》，从而治理好自己的天下，应该说不成问题。一部《论语》虽说只有一万多字，但是，他的地位非常重要，影响也极为深远。后人们将其称为“东方的《圣经》”、仁者的教诲、文明的法典。

第三节　原著选读：一句话，一辈子

1. 子曰：“学而时习之，不亦说乎？有朋自远方来，不亦乐乎？人不知而不愠，不亦君子乎？”

解读：这是《论语》首章的第一句，并不见得它是最重要的。但是，在这句话里面，提到了几个非常重要的词汇，即“说”“乐”“愠”。“说”通“悦”，和“乐”一样，都是高兴的意思。“愠”则是愠怒，不大高兴的意思。我们也可以说，这一段话探讨了人生快乐不快乐的问题。怎样才能快乐呢？“学而时习之”“有朋自远方来”都是快乐的事情。

至于这个“习”到底是温习，还是实践的意思，说法不一。有人说是温故而知新，所以快乐。有人说是学以致用，能够把所学用于实践，所以快乐。孔子的本意大概更加倾向于后者，因为孔子算是一个实干家，在他的生平轶事当中，我们就可以看出，他是一个多么热衷于事业、为了事业痛并快乐着的人。所以，他才会突然笔锋一转，由快乐的事情，想到不快乐的事情。对孔子来说，他遭遇得最多的不快乐的事情恐怕是常常被人误解，且不为君王所重用。

但是，孔子在这样的冷遇中，没有去责怪别人，反而要求自己，“人不知而不愠”，像一个君子一样，反求诸己，宽以待人。

孔子也正是在这样的豁达中，心理恢复了平衡，从而才有兴致继续做自己想做的事情。细细想来，这段话几乎可以受用终生。它告诉我们要重视学习和实践，要珍视友情，同时，要有强大的内心、宽阔的胸襟，方能将快乐进行到底。要知道，快乐也是一种能力。

2. 子曰：“巧言令色，鲜矣仁！”

解读：孔子说：“花言巧语，脸色善变，这种人心中少有仁爱。”我们的读者中有许多人都是青少年，正处于天真烂漫的青春时期。大多数人的心灵都还是一张白纸，见得少，识得也少，因此常常容易受骗。孔子在《论语》中，多处提到什么样的人是君子，什么样的人是小人，他的意见我们可以参考，以便我们提高识人的能力，关键是防止自己上当。

尤其是一些善说花言巧语的人士，并不是说他一定没有仁爱之心，只是我们要提高警惕。所谓日久见人心，千万不要急着对他人下任何判断，要沉得住气，考验一段时间。所以，孔子没说“巧言，鲜矣仁”，而是添加了一个“令色”。“令色”是什么意思呢？就是善变其色，像变色龙一样，不同的时候变化不同的面孔。这种人有许多张面具，而如何识别他是否“令色”，则需要更长的时间。因为是否巧言，第一次见面就可以看出来了。而是否“令色”则需要小心地观察。如果二者都符合，则大致可以做出此人“鲜矣仁”的判断。但是，我们也要注意，“鲜矣仁”并不是没有仁爱之心。只是这种人的仁爱之心少了一些，或者隐藏得更深一些，并不能一竿子将其打死。

3. 曾子曰：“吾日三省乎吾身——为人谋而不忠乎？与朋友

交而不信乎？传不习乎？”

解读：曾子说，我每天多次反省自己。古语里的“三”并非是确指三次，而是代表较多。反省的内容是什么呢？一，为别人做事时，是否有不忠的行为？二，与朋友交往时，是否有不讲诚信？三，老师传授的东西，自己是否有实践？或者我传授给别人的东西，是自己实践过的吗？因为，要保证知识的正确性，防止以讹传讹，所以才会有这方面的考虑。由此可见，曾子这个人为人十分谨慎。在历史上，他是以孝顺著称的。过去，有人想请他去做大官，他以在家孝敬父母为由，拒绝了对方的请求。

《二十四孝记》中记载了曾子“啮指痛心”的故事。据说，曾子少年时家里贫穷，常需上山砍柴。一天，他照常出门砍柴，家中却来了客人，曾子的母亲不知如何应对，就用牙齿使劲咬自己的手指。曾子在山中竟忽然觉得心痛，他感应到母亲在呼唤自己，于是，马上背起柴火就往家里赶。到了家中，他跪着问母亲为何咬自己的手指，母亲说：“家中来了客人，我咬手指盼望你早点回来。”这个故事实在是令人难以置信，但是，曾子是一个沉稳持重、富有孝心的人，应该毋庸置疑了。

“吾日三省乎吾身”，初听起来是一件令人肃然起敬的事情。但是，这里面也存在着陷阱。有些人以为反省过了就可以问心无愧，或者有的人过分地沉溺在自省当中而不能自拔，这些都是需要警惕的。“吾日三省乎吾身”并不是让你天天都想着已经做错的事情。这个错了，那个错了，如果只是这样想的话，按佛家的说法，其实是再造罪。每想一次，就是再造一次。因为已做错的事情知道了，以后不再做，才是真忏悔，真反省。真正良性的反省无需那么频繁。如果次数太多了，反而要警惕了。

4. 子贡曰：“贫而无谄，富而无骄，何如?”子曰：“可也；未若贫而乐，富而好礼者也。”

解读：子贡说：“贫穷而不逢迎谄媚，富裕而不骄矜傲慢，如何?”孔子说：“不错，但是不如贫穷而快乐，虽富裕却爱好礼仪。”

贫穷与富裕，是现代社会谈论得较多的话题。现在出现了“高富帅”“白富美”等新词，都离不开一个“富”字。可见大家心目中对财富的肯定和渴求。当然，我们对待财富应该有一个正确的态度。在这一方面，孔子对我们来说，应该是一个很好的榜样。他对财富的态度可谓不偏不倚，比较公正。在《论语》中，他还说过：“邦有道，贫且贱焉，耻也；邦无道，富且贵焉，耻也。”意思是，如果身处太平盛世，你却贫贱，可谓耻辱。但是，如果国家存在许多问题，天道尽失，你却富贵，也是耻辱。因为，前者说明你无能，后者说明你无德。

事实上，孔子并不反对追求财富。《论语》中还有“富贵而可求也，虽执鞭之士，吾亦为之”一句。意思是，如果富贵可以求得，哪怕是给人赶马车，我也愿意去做。虽然是“执鞭之士”，但好歹也是一份正当的工作，可以为之。那么，什么时候不可为之呢？孔子说：“不义而富求贵，于我如浮云。”意思是如果通过不正当的手段来获取财富，那么，这些财富对我来说，就像浮云一样没有意义。可见，《论语》中的财富观是比较正面而切合实际的，对我们有很大的启示作用。

那么，对待贫穷的态度应该如何呢？总有一些人处于贫穷的境地，那么这些人，如果能够不因为自己的贫穷，而去谄媚别人，降低自己的人格，也是值得称赞的事情。就像陶渊明的“不为五斗米折腰”反而被人所称颂，作为高风亮节的典范。但是，孔子进一步指出，如果清贫而不谄媚，还不够，还要快乐。像陶渊明一样，“采菊东篱下，悠然见南山”。饮酒，喝茶，与农夫聊天，虽然贫穷，却怡然自得，也是一种人生境界。孔子最欣赏的弟子颜渊，便是安贫乐道的一个典范。子曰：“贤哉回也！一箪食，一瓢饮，在陋巷，人不堪其忧，回也不改其乐。贤哉回也！”有些人在贫穷的境地下，不堪其忧，但是颜回却能不改其乐。正是清贫之人所能达到的最高的境界。正如富人爱好礼仪一样，都值得称赞。

5. 子曰：“不患人之不己知，患不知人也。”

解读：孔子说：“不要怕别人不懂得自己，怕的是自己不懂得别人。”这句话实在是道出了人心的真相。因为你无法去要求别人懂得自己，你只有去试图理解他人。孔子多次提到不为人理解时应该如何。就像之前提到的“人不知而不愠”，这里又再次出现“人不知”这种情况，不但孔子经常遇到，我们每个人也时常会遇到。所以，《论语》当中有一个很重要的观点，就是“君子求诸己”，意思是君子不要去苛求他人来满足自己的欲望。君子应该反求自身，具备独立解决问题的能力。不要对外强求，而应对内要求。

所以，当别人不理解自己的时候，孔子首先想到的是，自己是否理解别人？后者比前者更加重要。因为，这样想除了是出于体恤与悲悯的情怀之外，也是一种为人处世的需要。你在这个世界中，需要有一副识人的眼力。别人不理解你，那是别人的眼力不够，这正好提醒自己要提高眼力。

6. 子夏问孝，子曰：“色难，有事，弟子服其劳；有酒食，先生馔，曾是以为孝乎？”

解读：子夏问孔子，什么是孝？孔子说：“不给父母好脸色看，只是在父母有事的时候，为他们服务。或者有酒饭的时候，让父母先吃，这就是孝吗？”孔子的言外之意是，如果不给父母好脸色看，即使内心有多么爱父母，或是为父母做了许多事情，也不能说是真正的“孝”。

《杨注》说：“孝子之有深爱者必有和气，有和气者必有愉色，有愉色者必有婉容。”这段话实在是理想的孝子的模样。但是，现实中的情形和这段注释有些不大一样。许多人以为自己深爱父母，只是表面上不表露出来而已。所以，未必总是有和气和婉容。其实，两代人之间的冲突非常普遍，脸色不好看是常有的事情。所以，孔子才说“色难”。那么，也正是因为难以时刻保持婉容，若是做到了和颜悦色，不要给父母脸色看，就是难得的“孝”了。因此，每当我们与父母发生冲突的时候，想到《论语》里的“色难”二字，便马上会得到一个提醒，面色也会缓和下来。

7. 子贡问君子。子曰：“先行其事而后从之。”

解读：子贡问孔子，什么是君子。孔子说：“要做一件事情之前，先不要急着宣布，把这件事情做完以后，再说不迟。”孔子之所以会这样回答，并不是说君子就是这样。孔子实际上是针对子贡的问题，因材施教，而做出的回答。因为子贡存在一个问题，就是他过于聪明，属于狐狸型的学生，而不是刺猬型的学生。

有的学者把学生分为这两类，有一定的借鉴意义。子贡就属于“狐狸型”的学生，狐狸型学生的特点是：什么都想做，这里做一点，那里做一点。自己对将来要做什么不大清楚。对自己将来的前途总是“数易其稿”，变来变去。虽然比较聪明灵活，但是定力不够。所以，狐狸型的学生，由于他的不稳定，就不适宜在做一件事情之前向大家宣布。因为，他很有可能在宣布之后，转变方向，去做别的事情。这样，就会给人留下不好的印象。所以，子贡要是能做到“先行其事而后从之”，便更加接近一个君子的所为。

孔子是了解子贡的最大毛病的，并且提出了颇有针对性的意见，实在是一位智者。那么，顺便提一下刺猬型的学生，就是比较吃苦耐劳，可以长时间地做一件事情，花费多年的功夫，终于有所成就的人。这样的人，就不必恪守这条语录。因为刺猬型的人办事比较踏实，可以不必忌讳在事前告诉大家自己的打算。有时，对他们来说，事前就宣布自己的计划反而是一件好事，他们会有更大的动力去完成这件事情。

8. 子曰：“饭疏食饮水，曲肱而枕之，乐亦在其中矣。不义而富且贵，于我如浮云。”

解读：“饭”在这里作动词用，整句的意思是吃粗粮喝冷水，把胳膊当做枕头，形容生活清贫，但是，此人心中依然感到快乐。如果通过不正当的手段获取了财富或得到了尊贵的地位，这些对我来说不过是浮云罢了。

不知从何时起，网络上流行起了“神马都是浮云”这句口头禅。“神马”是“什么”的谐音，孔子几千年前就提出了“浮云”的这个譬喻，也可以算得上是这句网络流行语的祖先。浮云比喻一切空虚易逝的事物。一直以来，都有一些人通过不正当的手段获取名利，对这些人来说，他们把名利看得非常重要。名利本身并没有对错，毕竟富与贵也是我们生活品质的一个保障。但是，如果人人都能接受“不义而富且贵，于我如浮云”这样的观念，这个世界上就不会有毒奶粉事件了。可见，孔子提出了一个多么重要的问题。

9. 子曰：“岁寒，然后知松柏之后凋也。”

解读：孔子说：“大寒之后，然后才知众树木皆一派枯败景象，然而松柏却少凋伤。”这句话中主要是“后凋”的意思存在分歧。有人认为“后凋”是不凋的意思。还有人认为“后凋”是最后凋谢、枯萎的意思。大家可以在冬天观察一下松树和柏树，完全不凋谢和最后凋落、枯萎都不符合实际情况。松柏也会有冻伤，它们也会因为天寒地冻而受到影响，但是，它们的树叶不会完全凋落。这也是它们与其他树木的区别之所在。

《说文解字》里，“凋”是半伤的意思。也就是说，松柏有一些小小的受伤，但并不影响松柏的生意盎然。实际上，松柏是四季常青的植物，没有明显的落叶季节，它是“旧叶未谢，而新枝已继”的。严格地说，并不是不凋，而是富有生机，看不出来小小的凋伤罢了。梁僧佑《弘明集》说：“泰山不为飘风动，盘石不为急流移，梅李遇霜而落叶，松柏岁寒之不凋，信矣。”

我们明白了这一点之后，再将松柏这种精神与君子相比，才不至于过分拔高，而能更加贴近于真实。君子之人，遭遇了外部环境的险恶，受点小伤是在所难免，关键在于能够像松柏一样虽小有损伤，依然能够充满生机，岁寒而不失其茂，临难而不失其德。

10. 子曰：“君子和而不同，小人同而不和。”

解读：君子虽不相同但关系和谐，小人表面上一致，但并不和谐。“和而不同”是孔子思想中非常重要的一个部分。人与人之间关系的和谐并不是建立在二者完全等同的前提之下的。我们常在电影中看到，有些人拉帮结伙，表面上看他们的思想是一致的，但是许多人是屈从于某种权威，人云亦云，这样的关系如果深究下去，其实是不和谐的。真正的和谐建立在“和而不同”的基础之上。即使我们的观点不一致，但是我们仍然能够相互尊重，并不随便附和，保持自己独立的思考能力，这才是真正的君子所为。

周恩来在万隆会议上发表了“求同存异”原则的演说。他说：“中国代表团是来求团结的，不是来吵架的。……中国代表团是来求同的，不是来立异的。……我们的会议应该求同存异。同时会议应该将这些共同的愿望和要求肯定下来，我们要在共同的基础上来互相了解和尊重彼此不同的见解。大家应该承认在亚非国家中是存在着不同的思想意识和不同的社会制度的。”这和孔子的“和而不同”思想如出一辙。

此外，历史上出现的党同伐异，结党营私，诛锄异己等事，就是小人同而不和的证明。这些表面上的相同潜藏着极大的隐患。茨威格曾经说过：“我们的世界大得足以容纳许多真理。”是的，我们已经迎来了一个价值观念多元化的时代，“不同”已经构成了我们的生活的丰富图景，而如何学习与“不同”相处，通过交流来凝聚共识，求同存异，成为了我们人人都需要通过的一道考题。

以上只是《论语》的“管窥一豹”，想要有更多的收获，掌握《论语》的全貌，还是应该去读原著。在这里推荐李泽厚的《论语今读》，还有国学大师钱穆先生的《论语新解》，一方面可以帮助大家扫除阅读障碍，尽可能得到正见。另外一方面，从这些大师的著作中可以加深对中国文化的了解，可谓一举多得。当然，更高层次的读者，可以不用看各家的注释，直接去看原文，勤查字典亦可。

第三章　如何成为辩论高手——《孟子》

《孟子》也是一本语录体散文集，所以它的作者并非一人，也不是孟子本人。而是由孟子及其弟子万章等人共同编撰完成的。记录的主要是孟子的言论。孟子，生于公元前372年，卒于公元前289年，享年83岁。关于孟子的生平，初期，与孔子有些相像。他也是幼年丧父，很小和母亲相依为命。他的母亲对他十分疼爱，而且注重教育。由于孟子小时候实在是太聪明了，学什么像什么。当他们家住得离墓地较近的时候，他看到大人跪拜、哭嚎，就玩起办理丧事的游戏。当他们家搬到离市集较近的地方时，他就模仿商人做起了生意。当他家搬到学校附近时，他就开始变得懂礼貌，爱读书起来。孟母对此十分满意，于是一直住了下去。孟子也耳濡目染，成为了一个学问渊博的人。这就是著名的“孟母三迁”的故事。其实，根据心理学家班杜拉等人的理论，认为青少年的行为非常容易受环境的影响，不好的、不正当的行为往往是在不利的环境影响下慢慢形成的，而要改善人的行为，也可以通过示范、模仿良好的行为来解决。孟母三迁的原因及其结果，正可以证明这个心理学理论的合理性。

第一节　大丈夫，还是贱丈夫？

在一定的文化环境和社会制度中，出于现实的需要，人们会把自己的利益、要求、期望集中在一个楷模身上。而春秋战国时期正是一个社会急剧变革的时代，迫切地需要这么一个楷模。因此，各个学派就纷纷从不同的社会立场出发来阐述、塑造这个楷模所应具有的理想人格。

孟子在这个时候出现了，他将孔子的圣人思想更加具体化。除了常为人所称道的尧舜禹外，孟子把商汤、周文王、周武王、孔子、甚至是伯夷、柳下惠等都归入了圣人的行列。他总结道：“圣人者，百世之师也，伯夷、柳下惠是也。故闻伯夷之风者，顽夫廉，懦夫有立志。闻柳下惠之风者，薄夫敦，鄙夫宽。奋乎百世之上，百世之下，闻者莫不兴起也。非圣人而能若是乎？”由此，他纠正了过去人们把圣人神秘化的倾向。

孟子提出了“人皆可以为尧舜”，“圣人与我同类者”的观点，颇有大丈夫气概。他积极地探索着与实践着那个时代的理想人格。有人将其称为“大丈夫人格”。过去，儒者总是谈论君子，而鲜少谈到“大丈夫”。显然，孟子比孔子更加豪迈一些，他一反儒者温文尔雅、谦恭敦厚的常态，表现出了刚毅果敢、锋芒毕露的精神。他说话与处事都非常有气慨，比如：“虽千万人，吾往矣”，“当今之世，舍我其谁？”等等。

《孟子》一书中，孟子多次提到“大丈夫”。那么什么是“大丈夫”呢？蔡依林有首歌也叫《大丈夫》，歌词里有一句：“我只需要一个有肩膀的大丈夫。”有肩膀，意味着有担当。除此之外，还有什么判断标准呢？

过去，有个叫景春的人也有这样的疑问。有一年，孟子经由齐国至魏国路过冠氏，这个叫景春的人就拦车问道：“公孙衍、张仪难道不是大丈夫吗？他们可以‘一怒而诸侯惧’，如果他们安居在家，不搅事端，天下就太平无事了。”孟子止车而立，反驳景春说道：“这哪能算是大丈夫呢？你没有学过礼仪吗？他们那种行为像无赖似的，即使再有恐吓力，也称不上大丈夫。真正的大丈夫，应该是以‘仁’为天底下最宽广的住宅，以‘礼’为最正确的落脚点，以‘义’为最宽广的道路的。只有富贵不能迷乱他的思想，贫贱不能改变他的操守，威武不能压服他的意志，这才叫作大丈夫。”景春引出了孟子关于“大丈夫”的著名论断，即“居天下之广居，立天下之正位，行天下之大道。得志与民由之，不得志独行其道。富贵不能淫，贫贱不能移，威武不能屈，此之谓大丈夫。”

关于贱丈夫，孟子说：“人亦孰不欲富贵？而独于富贵之中有私龙断焉。古之为市也，以其所有易其所无者，有司者治之耳。有贱丈夫焉，必求龙断而登之，以左右望，而罔市利。人皆以为贱，故从而征之。征商自此贱丈夫始矣。”意思是：谁不想富贵？而偏偏有人在富贵之中想独自垄断。古时候做买卖，是拿自己所有的东西交换自己所没有的东西，这是有相关的官吏来管理此事的。但是，偏偏有个下贱的男人，总要找块高地登上去，站在上面左右张望，企图把集市中的好处都占为己有。人人都认为他很卑鄙，于是就对他征税。从那以后，对商人征税就是从这个下贱的男人开始的。

如此看来，大丈夫与贱丈夫的区别也就十分明显了。大丈夫是不会把利益摆在首位的。孟子的大丈夫气得益于他的“养气说”。孟子认为：“夫志，气之帅也；气，体之充也。”他非常注重涵养体内的浩然之气。正是因为底气充沛，所以孟子的语言充满了力量。作为一位大丈夫，他还拥有着高超的论辩能力。所谓“君子善辩，有辩必胜”。孟子的论辩可谓气势磅礴，逻辑严密，环环相扣，咄咄逼人。如“天时不如地利，地利不如人和。三里之城，七里之郭，环而攻之而不胜。夫环而攻之，必有得天时者矣；然而不胜者，是天时不如地利也。城非不高也，池非不深也，兵革非不坚利也，米粟非不多也，委而去之，是地利不如人和也。故曰：域民不以封疆之界，固国不以山谿之险，威天下不以兵革之利。得道多助，失道寡助。寡助之至，亲戚畔之；多助之至，天下顺之。以天下之所顺，攻亲戚之所畔。故君子有不成，战必胜矣”。其逻辑之缜密，完全找不出一丝漏洞。由于孟子天资出众，且加上后天的勤勉，他的学说与孔子的学说构成了儒学的核心和中坚。尤其是宋代的儒者，他们都以孟子为儒学道统的传人，尊称其为“亚圣”。

第二节　充实之谓美

《孟子》是中国儒家典籍中非常重要的一部著作，它的重要性已经得到研究中国古代史、思想史的学者的公认，其显著的标志之一就是唐代以后，《孟子》由之前的“子部”上升为了“经部”。“经部”在古代文学系统中有着非常崇高的地位。《孟子》和《论语》一样，也是一本语录体散文集，它记录了战国时期孟子的言论，包括孟子与其弟子的谈话，还有他对诸侯的游说，以及与其他各家的争论。篇幅比《论语》长了很多，共有七篇，而且文采斐然，受到了唐代大文学家韩愈的欣赏。

奇妙的是，据《旧唐书·韩愈传》记载，韩愈也是“三岁而孤”，由他的兄长韩会抚养的。韩会是一个会写文章的人，乐衷于关注时事，自认有辅佐皇上的才能。韩愈受他的影响很大，自幼养成了刻苦钻研的精神。他亲近儒学，正值中晚唐时期，兴起了一股复兴儒学的思潮。韩愈获得了一个非常良好的儒学氛围，为他振兴儒学奠定了一个良好的条件。儒者当中，他最推举孟子。

韩愈说：“始吾读孟轲书，然后知孔子之道尊，圣人之道易行，王易王，霸易霸也。以为孔子之徒没，尊圣人者，孟氏而已。晚得扬雄书，益尊信孟氏。因雄书而孟氏益尊，则雄亦圣人之徒欤！圣人之道，不传于世。周之衰，好事者各以其说干时君，纷纷藉藉相乱，六经与百家之说错杂，然老师大儒犹在，火于秦，黄、老于汉，其存而醇者，孟轲氏而止耳，扬雄氏而止耳。及得荀氏书，于是又知有荀氏者也。考其辞，时若不粹；要其归，与孔子异者鲜矣。抑犹在轲、雄之间乎！孔子删《诗》《书》，笔削《春秋》，合于道者著之，离于道者黜去之，故《诗》《书》《春秋》无疵。余欲削荀氏之不合者，附于圣人之籍，亦孔子之志欤！孟氏，醇乎醇者也。荀与扬，大醇而小疵。”他高度赞扬了孟子，认为观圣人之道，必自孟子始。韩愈是从儒学正宗的角度来考虑的。

除此之外，《孟子》一书之所以引起人们的关注，很重要的一点在于它的论辩技巧之高超。因为战国中期正是百家争鸣的时期，为了阐明自己的观点，维护自己的立场，就不得不与其他学派进行论辩。所以，孟子也说自己并非好辩，他也是被逼出来的。但是，他也受到了孔子的启发，也就是之前说过的“吾从之讽”。孟子很聪明，他在这个指导原则的基础上，演变出了许多论辩技巧。

首先，善用比喻法。如“鱼，我所欲也；熊掌，亦我所欲也。二者不可得兼，舍鱼而取熊掌者也。生，我所欲也，义，亦我所欲也；二者不可得兼，舍生而取义者也。”再如，“以若所为，求若所欲，犹缘木求鱼也。”这句话稍微解释一下，缘木求鱼是指爬到树上去找鱼。这个比喻非常需要想象力和联想力。

此外，还有寓言法。拔苗助长的故事出自《孟子·公孙丑上》，用来说明做事应该符合客观规律以及欲速则不达的道理。他还擅长旁敲侧击，诱敌深入，引君入瓮。总之，花样繁多，技巧高明，而且他的论说还充满情感和思辨的力量。大量排比句、对比句的运用，使得论辩充满气势。总之，情、气、理充沛，犀利时如投枪匕首，针砭药石，大显其“充实之美”，许多人都败下阵来了。

除了论辩艺术之外，还有他的“性善说”也是其独创。最早提出人性问题的是孔子，但是孔子说得比较简单“性相近，习相远”，并没有说人性的善恶之分。孟子则在此基础上，发展出性善论。他的主要观点是，认为人具有“恻隐之心、羞恶之心、辞让之心、是非之心”四心。这是孟子性善论的起点，孟子认为“四心”也是人的四个“善端”，人性善良的一面都发端于这四种心灵。一一对应，就发展出“仁义礼智”四德。所以，孟子非常强调养心。把心养好了，德也就好了。儒家素来在道德方面都是比较重视的。

在“善”和“信”的基础上，孟子又进一步提出了“美”的要求。可谓真善美都齐全了。那么，在《孟子》一书中传达了什么样的“美”的观念呢？他不是以貌取人，而是以“充实美”与“善养气”来定义“美”。说得通俗一点，就是注重内涵和气质。但是，孟子主要是谈男子的气质该如何。“其为气也，至大至刚，以直养而无害，则塞于天地之间。其为气也，配义与道，无是，馁也。”这是一种大丈夫气，男子有此气则俊朗。

孟子很厉害，他发现了人的内在与外在的关联。他认为：“君子所性，仁义礼智根于心，其生色也睟然，见于面，盎于背，施于四体，四体不言而喻。”意思是，君子的本性善良，仁义礼智都根植于心。那么，在这个人的面相上也能看出来。这些气质会形诸于外，甚至充满整个背脊，遍布整个躯体。一举手一抬足，不用说话，都能看出这个人的涵养。这也是内在美，充实美有助于外在美的明证。

以上，只是略述了《孟子》的独特之处。它的“充实之美”还远未被论及，等待诸位读者的发现。顺提一句，每本书都有其自身的命运，《孟子》一书虽然一度被推崇，但是它也不是一直都好命。当它遇到了朱元璋，它的厄运就降临了。因为《孟子》中有一句“民为贵，社稷次之，君为轻”，这句话可是惹怒了朱元璋。这不是在说百姓与国家相比，国君是最不重要的吗？这还了得！当类似的言论一再在《孟子》中出现时，朱元璋终于按耐不住心头的怒火，下令将孟子的牌位撤出孔庙。大臣们感到奇怪，因为那时还是以孔孟之道盛行天下的时代，朱元璋竟敢对孟子如此不敬。有些大臣立马觉察出异样，提出了反对的意见，朱元璋却反驳道：“朕意已决，谁也不许多说，否则处以死刑。”

于是，大家都不敢再说话了。唯有一个叫做“钱唐”的人，执意为孟子求情。朱元璋听闻钱唐要来求情，便令侍卫将其射死。钱唐身受数箭之后，仍然执意前行，这种行为把朱元璋都给打动了，他佩服钱唐是条汉子，于是答应见他。钱唐见到朱元璋之后，立马跪了下来，痛陈孟子之重要。朱元璋被说服，恢复了孟子的牌位。但是，他无法容忍《孟子》中的“民为重，君为轻”的思想流传，于是决定“删孟”，把他看不顺眼的章句都删掉，竟足足删掉了85条之多。可见朱元璋对《孟子》的恐惧，亦可从反面看出《孟子》中蕴含的强大力量。

第三节　原著选读：《孟子》中的微言大义

据统计，《孟子》一书总共有三万五千字左右，其中暗藏的成语就达两百多条，分布在各个章节。如“乱臣贼子”出自《滕文公》中的“孔子成春秋而乱臣贼子惧”。“手舞足蹈”则出自《离娄》中的“则不知足之蹈之，手之舞之”。“茅塞顿开”出自《尽心》“山径之蹊，间介然用之而成路；为间不用，则茅塞之矣”。

诸如此类，举不胜举。下面只把源自《孟子》一书中的部分成语罗列出来，如：好为人师、引而不发、专心致志、具体而微、取长补短、相去甚远、水深火热、出尔反尔、出类拔萃、事半功倍、杯水车薪、习焉不察、一毛不拔、揠苗助长、知人论世，等等。这些成语有的沿用至今，有的在人们长期而广泛的使用中被改造，又滋生出相似的成语。如“揠苗助长”又可说是“拔苗助长”。前者多用于书面语中，后者多用于口语中。

孟子气长，所以《孟子》的篇幅也较长，有时一篇长达三四百字，在这里不能完整地选录，而是选取一些名言，供大家以管中窥豹。

1. 君子有三乐

原文：“君子有三乐，而王天下不与存焉。父母俱在，兄弟无故，一乐也；仰不愧于天，俯不怍于人，二乐也；得天下英才而教育之，三乐也。”（《孟子·尽心上》）

解读：这是孟子有名的“君子三乐观”。由此可以看出，无论是孔子，还是孟子，都会思考如何快乐的问题。一个人的快乐观最能够体现出这个人的追求。有的人以索取为乐，有的人以奉献为乐，总之，每个人的快乐观都不大一样。

孟子的快乐观，第一体现出了“孝悌”的伦理思想，这也是孔孟之道的根本内容之一。孔子说过：孝悌为人之本也。孟子将仁与乐结合起来，父母健在，兄弟和睦，可以尽享天伦之乐。

第二种快乐则是针对自己而言，这也反映了孟子的人生观，即当一个人回首往事的时候，能够做到无愧于天地和他人，一生行事光明磊落，内心清明坦荡，则快乐自然而来。

第三种快乐是作为讲师的孟子所深有体会的。他也说出了许多老师的心声，即是得天下英才而教育之。

2. **自暴自弃**

原文：自暴者，不可与有言也；自弃者，不可与有为也。（《孟子·离娄上》）

解读：此句暗含一个成语，即“自暴自弃”。这句话的意思是：自己糟蹋自己的人，和他没有什么好说的。自己放弃自己的人，和他没有什么好做的。

我们或许会认为，自暴自弃的人不是更加需要我们帮助吗？孟子怎么能这样嫌弃他们呢？其实，孟子所说的“自暴自弃”是有所指的。它的含义比较狭小，指不能怀仁心，行正义的人，这与我们平常所理解的“自暴自弃”是不大一样的。孟子进一步解释道：“仁，是我们最安适的精神住宅；义，是人类最光明的大道。不住安适的住宅，不走光明的大道，真是悲哀啊。”

由于孟子相信人性本善，所以他以为这些自暴自弃者是自甘堕落之人，才会说出如此严厉的话语，也有可能是气话。但是，如果换做主张“性恶论”的荀子，则可能会更加强调教育的作用，用以感化这些自暴自弃的人们。不过，话说回来，上帝救自救者，自暴自弃终究是不对的。

3. **不如无书**

原文：尽信书，则不如无书。（《孟子·尽心下》）

解读：这句话看起来普通，但实际上是一个非常重要且大胆的发现。古代的知识分子对书都有一种崇拜之情。古时有“惜字如金”的传统，比我们今人严重得多。古人建有“惜字宫”“敬字亭”“文风塔”“焚字炉”，这些是古人专门用来焚烧字纸的建筑。这些建筑始自唐宋，兴于明清，是我国敬天惜字的传统文化观念的产物。为什么把有字的纸张烧掉就是惜字的表现呢？因为人们不想把这些有字的纸张同其他垃圾混在一起焚烧。所以，才专门建造了焚字炉，供有字的纸张一个富有尊严的归宿。

孟子在那样的时代背景下，提出“尽信书，则不如无书”，其实是非常大胆的见解。而且，它的正确性也得到了越来越多人的重视。要注意，孟子在这里说的“书”是指《尚书》。但是，我们也可以作广义的理解，就是一切书都是如此，我们都不能够迷信它，要有自己的思考和判断。尤其是在图书市场鱼龙混杂的今天，要培养自己的怀疑精神，如此，才可能拒绝不良的文字污染。

4. 怨天尤人

孟子去齐，充虞路问曰：“夫子若有不豫色然。前日虞闻诸夫子曰：‘君子不怨天，不尤人。’”曰：“彼一时，此一时也。五百年必有王者兴，其间必有名世者。由周而来，七百有余岁矣。以其数，则过矣；以其时考之，则可矣。夫天未欲平治天下也；如欲平治天下，当今之世，舍我其谁也？吾何为不豫哉？”（《孟子·公孙丑下》）

解读：孟子离开齐国，充虞路问道：“夫子好像有点不开心啊。可是以前我曾听夫子说，君子不抱怨天，不责怪人。”言下之意是不怨天，不尤人，就不会不开心了。孟子回答道：“此一时，彼一时啊。据我看来，历史有一个发展规律，五百年必有一个贤君，而且，必有一个有名的辅佐者。从周朝到现在，算起来也有七百多年了。按这个算法，五百年已经过了。从时势上来看，也应该有贤王出现了。可惜，大概老天还是不希望天下太平吧。如果想使天下太平，当今世界，能够辅助贤王的，除了我之外，还能有谁呢？”

这段话里最有大丈夫气的就是这一句了——“当今之世，舍我其谁？”实在是令人敬仰，也充分体现出了孟子的信心满满。但是，结合上文的语境来看，也许能够读出更多的情绪。因为，一开始是孟子的学生发现老师不大高兴，面有豫色，于是，便用“君子不怨天，不尤人”来劝慰老师。孟子也很坦诚，他说此一时，彼一时，就是承认自己确实有点不大高兴。不过，他很快地调整了情绪，说了后面的一段话，以示信心。

凡是有智慧的人，都懂得“一念之转”的道理。所谓天堂地狱，一念之间。美国“转念作业”的提倡者拜伦·凯蒂，她写了一本书叫做《一念之转：四句话改变你的人生》。这本书能够有效地帮助我们突破小我，从各种不佳的心境中走出来。孟子无师自通地运用了转念的能量，成功地实现了由不快乐向快乐的转换。正像《一念之转》这本书里讲的：“快乐来自于一颗清澈透明的心；清澈透明而健康的心灵知道如何生活，如何工作。”

5. 四心四端四体

原文：孟子曰：“人皆有不忍人之心。先王有不忍人之心，斯有不忍之政矣。以不忍人之心，行不忍人之政，治天下可运之

掌上。所以谓人皆有不忍人之心者，今人乍见孺子将入于井，皆有怵惕恻隐之心——非所以内交于孺子之父母也，非所以要誉于乡党朋友也，非恶其声而然也。由是观之，无恻隐之心，非人也；无羞恶之心，非人也；无辞让之心，非人也；无是非之心，非人也。恻隐之心，仁之端也；羞恶之心，义之端也；辞让之心，礼之端也；是非之心，智之端也。人之有是四端也，犹其有四体也。（《孟子·公孙丑上》）

解读：孟子说：“人人都怜恤别人的心灵。先王有此心，所以有体恤百姓的政策。以体恤百姓的心灵，施行体恤百姓的政策，这样治理天下，就能将天下掌握在自己手中了。之所以说人都有体恤他人的心灵，是因为如果有人看到一个孩子掉进了井里，一定会产生恻隐之心。——这倒不是为了讨好孩子的父母，也不是为了要在朋友之间享有良好的声誉，更不是因为听到孩子的哭叫声而产生的惊惧心理。这样来看的话，没有恻隐之心，羞恶之心，辞让之心和是非之心的，简直都不是人。这四种心分别是仁义礼智的发端。人有仁义礼智四种德行，就像人应有四肢一样。

这段话非常明显地体现了孟子的“性善论”，性善的基础是人有“四心”：恻隐之心、羞恶之心、辞让之心、是非之心。这“四心”是否为天生有之，则值得商榷。但是，孟子却说：“仁义礼智非由外烁我也，我固有之也。”可见，他还是坚信人性有向善的可能，并非外力所能强加于我们的。

6. 一曝十寒

原文：虽有天下易生之物，一日暴之，十日寒之，未有能生者也。(《孟子·告子上》)

解读：成语“一曝十寒”就出自这里。说的是天下即使有容易生长的植物，但是给它猛晒一天太阳，然后把它晾在阴暗的角落里，十天都不管它，这样下去，即使是生命力再顽强的植物也难以存活。

植物是这样，人亦如此。孟子善用比喻，其实他的本意不是在说植物，而是在告诫世人，切不可三天打鱼，两天晒网。正所谓“冰冻三尺非一日之寒”，植物想要生长，也非一日之阳光就足以的。许多时候，事情的难度往往在于人们难以坚持，就像滚雪球一样，如果一直滚下去，可以越滚越大，但是如果停了几天，那么之前滚好的雪球也会全部化为雪水，之前所做的一切也就徒劳无功。所以，人们常说贵在坚持。《易经》里也说了：“天行健，君子以自强不息。”天体昼夜交替，日复一日，从来都没有中断。如果我们能够像天体一样强健，终将有所成就。德国人里尔克更是以退为进地强调了坚持的重要性，他说：“胜利算什么，挺住意味着一切。”

7. 杯水车薪

原文：仁之胜不仁也，犹水胜火。今之为仁者，犹以一杯水救一车薪之火也；不熄，则谓之水不胜火，此又与于不仁之甚者也，亦终必亡而已矣。(《孟子·告子》)

解读：“仁”最终能够胜过“不仁”，就像水最终能够将火熄灭。如今那些行仁的人，好比用一杯水去救一车木柴燃起的大火；火若扑不灭，他们就说是水胜不了火，这就和那种很不仁德的人差不多了，以后他也一定会把自己的那点仁丧失掉的。杯水车薪这个成语就是这样来的。现在用来形容在强大的敌人面前，力量过小，无济于事。

但是，杯水车薪并不能说明“水不胜火”，只能说明力量还不够大，还需要更多的付出和努力。孟子非常肯定地说：“仁之胜不仁也，犹水胜火。”仁能够战胜不仁，这是毋庸置疑的。一时无法战胜，也只能说明是行仁的力量还不够，还需要加码。

8. 不虞之誉

原文：“有不虞之誉，有求全之毁。”（《孟子·离娄上》）

解读：“虞”，意料。这句话的意思是：有意想不到的赞誉，也有过于求全的诋毁。国学大师南怀瑾先生说：“我经常提到孟子的两句话，‘不虞之誉，求全之毁’。任何一个人活在世界上，免不了受赞扬，有时候虚名是莫名其妙的，讲你好的，并非是那么好，‘不虞’就是想不到的，想不到的恭维，叫‘不虞之誉’。‘求全之毁’，一般人活在世界上，要求别人都很严格的。这个世界上的人很奇怪，手里都拿着一把尺子专门量人家，够高吗？矮吗？胖吗？瘦吗？从来不会反过来量自己的，所以人对人有‘求全之毁’，求全责备。”

可见，人人都难免“有不虞之誉，有求全之毁”。不如宠辱不惊，闲看庭前花开花落，漫随天外云卷云舒。

9. 曾经沧海

原文：孔子登东山而小鲁，登泰山而小天下。故观于海者难为水，游于圣人之门者难为言。（《孟子·尽心上》）

解读：原文的大意是：孔子登上东山便觉得鲁国渺小，登临泰山则觉得天下渺小。所以，见过大海的人，一般的水流便难以入眼，在圣人门下学习的人则难以关注一般的言论。可见，所处越高，而其视下则越小。所见越大，而其他小者便不足为观。一个人如果见多识广、眼界开阔的话，他也就不再容易大惊小怪，更不会以一叶障目。

“曾经沧海”由此成为了一个典故。后来还出现在元稹的《离思五首》诗中：“曾经沧海难为水，除却巫山不是云。取次花丛懒回顾，半缘修道半缘君。”这是诗人悼念亡妻时所作。可见，亡妻在诗人元稹的心中是无与伦比，无可替代的。整首诗语言质朴，情深意切，是悼亡诗中的千古名篇。

10. 五十步笑百步

原文：孟子对曰：“王好战，请以战喻。填然鼓之，兵刃既接，弃甲曳兵而走。或百步而后止，或五十步而后止。以五十步笑百步，则何如？”曰：“不可。直不百步耳，是亦走也。”（《孟子·梁惠王上》）

解读：孟子对王上说：“王上喜欢打仗，那么，我就拿战事来打比喻。战鼓擂起以后，兵刃相接之时，兵士弃甲逃跑。有的逃跑了一百步而后停止，有的逃跑了五十步而后停止。那逃跑了五十步的嘲笑逃跑了一百步的，您认为他们做得对吗？”王上说：

“不对，他们只不过是没有跑到一百步而已，不管是五十步，还是一百步，都是逃跑，都是不对的。”

五十步笑百步便用来形容那些嘲笑别人的不足，却没有反思自己也有这样的不足，只是程度比别人轻一点而已，并没有本质上的区别。《圣经》里有一个故事，说有一群人聚集在一起向另外一个人扔石头。耶稣问他们：“为什么朝这个人扔石头？”他们回答说：“因为这个人有罪。”耶稣便说：“你们应该扪心自问，如果你们当中有谁自认为没有一点罪过的话，那你们就尽管朝他扔石头吧，我也不会有意见的。”耶稣的话音刚落，那些人沉静下来，再没有一个人朝那人扔石头。孔子也说过了，人非圣贤，孰能无过。所以，我们在指责他人的时候，先反省一下自身，警惕犯下五十步笑百步的错误。

第四章　与孟子唱反调——《荀子》

今天的人们一致认为，儒家有三圣：孔子、孟子、荀子。但是，他们三个人又如此不同，尤其是荀子。荀子，字卿，又称荀卿。他是战国末期的赵国人，赵国位于今天的山西南部。关于他的生卒时间，有许多争议。有人说他生于大约公元前313年，也有人说是公元前325年或公元前336年，到底哪个说法可靠，学界还没有统一。我们只需记住大概在战国后期即可。

据说，荀子20岁的时候，就开始在燕国从政了，而且还挺有主见。他曾极力反对燕王禅让王位，但是燕王没有听他的劝告，他就离开了燕国。从那以后，长达二十多年他的行踪都不为外人所知。直到50岁的时候，他才被齐国聘去，成为了学官，也就是主管教务的官员和老师。他虽为儒家的代表人物，但是对孔孟的学说进行了大胆的批判式的继承。他的思想博大精深，在批判地继承儒家学说的基础上，还吸取了其他各家的长处，被认作是先秦诸子中最后一位杰出的哲学家。

第一节　最为老师

苏轼在《荀卿论》中说他最喜欢标新立异，在学问方面一点也不谦让，敢做高调的论断而无所顾忌。他的话愚蠢的人听见了，会感到惊讶；而品行不端的人听了，会感到高兴。这就有点奇怪了，何以如此呢？苏轼告诉我们：“人们都说，孔子和孟子是天下的贤人君子，唯独荀子说：‘乱天下者，孔子、孟轲也。’”这样的话，是惊人之语，还是别有用意呢？

孟子怎么就使天下大乱了呢？且听荀子如何解释。荀子是经常与孟子唱反调的。孟子认为，天底下有这么多人，其中一定也有很多仁人义士。而荀子却说：“人性本恶！像桀、纣那样的暴君，做出了一些贪图享乐，荒淫无度之事，这是人的食色本性；而像被世人推崇的尧、舜二位贤君，什么虚怀若谷、禅让天下，不惜牺牲自己的利益等行为却是虚伪的表现。”不少人都被此话给雷到了。被雷到的人往往是初次接触荀子的思想，且对荀子的思想缺乏整体了解的人。所以，前面才说，愚人要惊讶，而小人听见了则要高兴。想必是因为这些有道德缺陷的人，长期在孔孟之说的压制之下，抬不起头来。孟子早就说过了，不仁，非人也。他们在荀子的理论支持下，突然从非人的地位恢复到了人的地位，能不高兴吗？荀子的“性恶论”成了一把双刃剑。由于人性本恶，所以荀子格外注重教育的作用。但是，也由于他的这种说法，使得一些人丧失了自省的意识，放弃了向善的努力。

也怪荀子说得太夸张了。他大概是想不鸣则已，一鸣惊人吧，所以他的学说才容易遭到后人的歪曲误解。荀子有一个学生，就严重地歪曲了荀子的观念，做了许多坏事。这位学生的名字叫李斯，就是后来成为了秦朝丞相的那个李斯。李斯这个人也很聪明，辅佐秦始皇统一中国时立下了功劳。为了加强中央集权，他还主张统一文字、度量衡等，对当时国力的发展发挥了重要的作用。而且，李斯也有着不错的文学才华，他写了一篇《谏逐客书》，其气势生动，流传至今。此外，还有由他书写的《琅琊刻石》《会稽刻石》等刻石也是流传至今。

但是，李斯的人品比较低劣，属于急功近利之徒。他的座右铭是“诟莫大于卑贱，而悲莫甚于穷困”，他最恨的就是“卑贱”和“穷困”。同为儒生，他可不如颜渊淡定。他信奉的是“老鼠哲学”。他曾经说：人就像一只老鼠。即使是老鼠，也有粮仓之鼠和过街老鼠的区别。过街老鼠人人喊打，即使是一只狗走近了，过街老鼠也会吓得赶快逃跑。但是，粮仓之鼠就不一样了。虽然它们都偷吃粮食，可粮仓之鼠却受到了粮仓的掩蔽，因此，可以大吃特吃，没有被惊扰的危险。李斯这个人也真是奇怪，观察老鼠这么仔细。他下定决心自己要做一只“粮仓之鼠”。他甚至说：“一个人贤德或不贤德，就像老鼠一样，看他处在什么环境罢了！”粮仓之鼠没有被发现，大家就以为它是贤德的了。这和荀子的“性恶论”是相通的，属于另一种极端的演绎。

李斯一直非常渴望谋得高官厚禄，这样他就可以打着为民服务的幌子，满足个人的私欲了。凭着他的狡猾和聪明，他如愿以偿地成为了一只“粮仓之鼠”。但是，一个没有道德的人越有才能，对人类来说就越是一个祸端。他当上丞相之后，把先贤们的经书都烧掉了，而且破坏了周朝保留下来的井田制，还把三代的诸侯统统都杀了。

苏轼说李斯这个人，太自以为是了，比他的老师荀子还要严重。李斯看到他的老师批评孟子、尧舜等先贤圣人，便夸张地以为古代的儒者没有值得他学习的地方，却不知道他的老师只是凭一时快意，语不惊人死不休而已。不过，李斯最终也自食其果了。他的自私自利，贪图富贵，使他走上了一条不归路，最终落得身死族灭的下场，为天下人所耻笑。临死的时候，他长叹了一声，说道：“粮仓之鼠爬得越高，摔得越重啊。”从这个结局也可以看出，李斯的悲剧，在于他的心中没有是非观念，也没有道德底线，过于贪婪。

李斯这种行为，不知荀子如何看待？他是否觉得学生给自己抹黑了呢？事实上，我们更愿意相信，荀子说话的重点并不在于他原谅人类天性中的邪恶。他只是想在“性恶论”的基础上，强调后天教育的重要性。而且，荀子之所以会得出人性本恶的论断，是因为他遭遇的是乱世。他在《性恶》篇中说：“今人之性，生而有好利焉，顺是，故争夺生而辞让亡焉；生而有疾恶焉，顺是，故残贼生而忠信亡焉；生而有耳目之欲，有好声色焉，顺是，故淫乱生而礼义文理亡焉。”意思是，如今的人们仿佛生下来就懂得追逐利益，如果顺着这样的天性，人们之间就会相互争夺，而辞让之心亡矣。总之，人性是不能“顺是”的。顺是则生争夺，生残贼，生淫乱，则辞让亡，忠信亡，礼义亡。

这又是在跟孟子唱反调。但是，作为一个为世人所推崇的哲学家，他不可能是为了唱反调而唱反调，他只是大胆地说出了自己的所见所想罢了。因此，他认为人性不可顺，人情不可纵，而必须接受教育。因为教育能够化恶为善。他对人性还是充满希望的，认为通过教育，“涂之人可以为禹者”。意思是本性虽恶，受教育之后，都可以变成像大禹一样的贤人。他写有著名的《劝学篇》：“学不可以已。青取之于蓝，而青于蓝；冰水为之，而寒于水。”这些都是学习、教育的成果。

实际上，我认为荀子重视“学”的理由，是一大创新。在这个方面，可以说他比孔孟有着更加深刻的思想。这种深刻使他挖掘到了人性中的那个黑洞。这个黑洞有许多孔孟都没有提到过的弱点、缺陷，这些恶的可能性，必须得到重视，得到教化，得到制约，才有可能形成一个理性、规范的社会。正是基于这个人性的真相，教育才显得格外重要，并非是可有可无的。只是这种对人性的认识似乎过于悲观了一些。

司马迁在《史记·孟子荀卿列传》中说：“齐襄王时，而荀卿最为老师。”“老”字可以解释为年老、尊敬的意思。在“老吾老以及人之老”中，“老”便有尊敬之意。连司马迁都对荀子做出了这样的评价，可见荀子虽然主张“性恶论”，但是他本人还是比较受世人所尊重的。他曾经三次被聘为齐国的“祭酒”，属于学术界、文化界的首脑级人物。再加上他当时年纪偏大，第一次去齐国的时候已有五十多岁，是当时年龄最大、资历最深的老师。

除此之外，荀子的弟子也似乎更加有名一些。除了之前说过的李斯，还有韩非子。我们都知道韩非子是法家的代表人物，怎么会出自荀子门下呢？其实，荀子跟孔孟不同的地方，还在于他是集合了许多杂家的思想，包括墨家、道家、法家，等等。所以，关于荀子是否属于儒家，长期以来都有人发出诘问。不过，从荀子的生平来看，他这一生还是比较讲究人伦和秩序的，思想主要还是以儒家为主体。

荀子属于那种“认清这个世界，然后爱它”的人。不像孔孟一样，天生就有爱人的欲望。荀子生于战国后期，一生周游列国，看到周围的形势正在急剧地变化。当时，秦国通过商鞅变法，变得日益强大起来，大家都遵纪守法，秩序井然。其他六国难以抵挡秦国的强大攻势，它们在秦国的威胁下艰难地维系着本国的势力。荀子总结了各国的经验，他看到秦国的强盛，是因为秦国推行的政治是基于对人“好利恶害”的本性的顺应。而其他六国的统治者虽然表面上是讲究仁义，其实骨子里仍然难舍对利益的追求。所以，荀子感慨：“饥而欲饱，寒而欲暖，劳而欲休”这些都是人的天性，如果不加节制的发展下去，则有可能走向邪恶。所以，与其说人性本善，不如认清人性的弱点，加以引导，引恶向善。

当时，战乱连绵，社会生产混乱不堪，社会矛盾与阶级斗争都在日益激化。孟子那种理想化的以“性善论”为基础的“仁政”是无法救人民于水深火热之中的。鲁迅曾经说过：“真的猛士敢于直面淋漓的鲜血，敢于直面惨淡的人生。”荀子除了“最为老师”之外，还是一位真的猛士。他直面严酷的现实，想出了一条新的重建礼治秩序的道路，即通过施行以“性恶论”为基础的礼制教育来规范人的行为，维护社会秩序。他在先秦诸子百家中，对人性的探讨独特犀利，对于个人修养的提高也有很大的启发意义。

第二节　哲学也疯狂

《荀子》全文共32篇，其中，第一篇为《劝学》，这篇已经是名篇了。开头第一句：“君子曰：学不可以已。”这和论语的第一句“学而时习之”相比不谋而合。“不可以已”即不可以停止，为什么不可以停止呢？他后面就展开了说理清晰、逻辑周密的论述。该篇提出了4种学习方法。其中之一是“善假于物”，也就是善于借用其他的器物来帮助自己，如：“登高而招，臂非加长也，而见者远。顺风而呼，声非加疾也，而闻者彰。”再如：“假舆马者，非利足也，而致千里。假舟楫者，非能水也，而绝江河。”意思是骑马的人能抵达千里之外，并非脚力好，而是善骑马。划船的人，并非是因为会游泳，而能渡过江河。他说出了易为我们所忽略的事实。孔子总是强调“君子求诸于己”，但是，荀子却说，君子“善借于物”，将两位大儒的思想结合起来，应是较为理想的了。

《荀子》中有许多精彩的论述，可读价值非常高。从孔孟到荀子，文章是越写越长，而且还加上了文眼似的标题。《荀子》全书共计数万言，主要可以分为两大部分。一类是针砭时弊，战斗性极强的散文。另一类是托物讽喻、抒情言志的作品。一般来说，从篇名就可看出文章的主旨。如“修身篇第二”，“荣辱篇第四”，“性恶篇第二十三”，“君子篇第二十四”，等等。这种散文形式比较接近现代散文的写作形式，和孔孟的的语录体散文已经大不相同。这也是《荀子》在散文文体上的创新之处。

王先谦先生在《荀子集解》中说：“就论说文的形式来说，《荀子》和《韩非子》在战国诸子中成就是最高的，它们说理周密而又讲究文采，两千多年来的政论文和学术论文都继承了这个优良的传统，产生了大量的有典型性的文章。”这是对《荀子》比较公正的评价。

不过，历代也有不少学者批判荀子。所以关于《荀子》的注本相对来说是比较少的。20 世纪文坛上的主将郭沫若对荀子就很有意见，他 1944 年 10 月写了《荀子的批判》一书，说：“在社会变革的时期，价值倒逆的现象要发生是必然的趋势。前人之所贵者贱之，之所贱者贵之，也每每是合乎正鹄的。但感官容易跑到理智的前头，不经过严密的批判而轻易倒逆，便会陷入于公式主义的窠臼。在前是抑荀而扬孟，而今是抑孟而扬荀，而实则孟并未可厚非，荀亦不必尽是。”

从这段话可以看出，历史上经过一个“抑荀而扬孟”的阶段。讲惯了仁义道德的中国一时难以接受荀子的性恶论。但是，奇怪的是20世纪的40年代，又出现了“抑孟而扬荀”的学术潮流。郭沫若在这种潮流之下，保持冷静，说出了自己不喜欢荀子的理由。他说：“荀子的思想相当驳杂，最成问题的《仲尼篇》的‘持宠处位终生不厌之术’及‘擅宠于万乘之国，必无后患之术’，那完全是后代腐败官僚社会的宦海指南，令人怎么也不能忍耐。”可以说，郭沫若的评价也比较到位。金无足赤，人无完人。知识是需要对话的，存在不同的意见并不可怕，否则知识就会走向僵化。与人唱反调的人一定也会有人与他唱反调，这也是在所难免的。

不过，在某些方面，学界应该而且也能够达成一定的共识。比如《荀子》的内容丰富，涉及哲学、政治、教育、文化、艺术等诸多领域，而且它的独创性也为世人公认。书中常常有惊人之语，可谓“哲学也疯狂”。比如“君子必辩”一说。荀子强调为了抵御邪说，维护正义，君子必须善于与人辩论，以防出现好人不说话，坏人满街走的现象。而且，真正的君子应该比一般的人更加懂得是非曲直，所以“辩必有胜”。然而，在我们的传统印象中，都说谦谦君子，温润如玉。儒者讲究温良恭俭让，得理饶人，可没说要君子练就一副好口才，善与人争辩。想想那幅画面，都会觉得有失风度。不过，如果你深究下去，就会发现荀子说得很有道理，而且也再次证明荀子敢于突破前人的学说，大胆地标新立异，疯狂思考。

不过，荀子毕竟还是一个儒者。他最终都会回到儒家的礼乐秩序当中。比如，关于言语艺术的重要性，孟子一章已经有所论述。其实《易经》里也说了：“鼓天下之动者存乎辞。”荀子主张君子善辩，倒不是希望大家争个面红耳赤，而是觉得人是社会性的动物，“人生不能无群”。生活在群体之中，就必然面对与人对话的问题。而且，他的善辩是有原则性的。他的原则是：“凡言不合先王，不顺礼义，谓之奸言。虽辩，君子不听。法先王，顺礼义，然而不好言，不乐言，则必非诚士也。”

而且荀子的“君子必辩”绝不等于小人好斗。他在《荣辱篇》中就对好斗之人进行了严厉的批判，他说：“斗者，忘其身者也，忘其亲者也，忘其君者也。行其少顷之怒，而丧终身之躯，然且为之，是忘其身也；……人也，忧忘其身，内忘其亲，上忘其君，则是人也，而曾狗彘之不若也。”这些好斗的人，连猪狗都不如啊。事实证明，争强好胜的人也更加容易生病。血气方刚可以，但是，“戒之在斗”。因为“凡斗者，必自以为是，而以人为非也”。

除此之外，荀子比较特别的地方，还在于他除了讲究人格的修养之外，还比较注重对身体的保养。《荀子》多处论述到人体器官的功能，特别对眼、耳、口、鼻、心等部位格外注意。他认为心是“形之君”，是“神明之主”。他提倡养内也要秀外。比如“君子贫穷而志广，富贵而体恭，安燕而血气不惰，劳倦而容貌不枯，怒不过夺，喜不过予”。就是在兼顾内在美的同时，也不废弃外在美的保养，二者之间是有关联的。特别是“劳倦而容貌不枯”，这是多少压力山大的人群的梦想啊。话说回来，容貌不枯也是需要内在精神的支撑与滋养的。

总之，《荀子》是一本能令人耳目一新，眼前一亮的儒学经典著作。虽每篇必称《诗经》多达上百次，但书籍本身的创新度与知识更新度都很高，鲜有学究气，且文质兼美，既有大儒的气度，又有纵横家的气势。郭沫若从哲学角度对它进行了批判，但是从文学的角度，则肯定它为与《孟子》《庄子》《韩非子》并列的先秦散文“四大台柱”之一。

第三节　原著选读：淑人君子如何养成

1. **君子结于一也**

原文：故不积跬步，无以致千里；不积小流，无以成江海。骐骥一跃，不能十步；驽马十驾，功在不舍。锲而舍之，朽木不折；锲而不舍，金石可镂。螾无爪牙之利，筋骨之强，上食埃土，下饮黄泉，用心一也。蟹八跪而二螯，非蛇蟺之穴，无可寄托者，用心躁也。是故无冥冥之志者，无昭昭之明；无惛惛之事者，无赫赫之功。行衢道者不至，事两君者不容。目不能两视而明，耳不能两听而聪。螣蛇无足而飞，梧鼠五技而穷。诗曰：“尸鸠在桑，其子七兮。淑人君子，其仪一兮。其仪一兮，心如结兮。”故君子结于一也。（《劝学篇第一》）

解读：“君子结于一也”说明君子要专心一致。这段话的意思是：不积累半步的行程，就没有办法行至千里；不积累细小的水流，就没有办法汇成大江大海。骏马一跃，也不过十步远；劣马拉着车走十天，它的成功之处就在于不停地走。同理，刻了几下就停下来的话，朽烂的木头也刻不断。不停地刻下去，金石也能凿穿。蚯蚓没有锋利的爪子和牙齿，也没有强健的筋骨，但是它能向上吃到泥土，向下喝到泉水，这是因为它用心专一。螃蟹有六条腿，两个蟹钳，可是，如果没有蛇、鳝的洞穴，它就无处藏身，这是因为它用心浮躁啊。

因此，没有刻苦钻研的心志，学习上就不会有显著的成绩；没有埋头苦干的努力，事业上就不会有巨大的成就，在歧路上行走是达不到目的的，同时事奉两个君主的人，两方都不会容忍他。眼睛不能同时看两样东西而看明白，耳朵不能同时听两种声音而听清楚。螣蛇没有脚但能飞，鼫鼠有五种本领却还是无能为力。《诗经》上说：“布谷鸟在桑树上筑巢，它有七只幼鸟，它能‘旦从上下，暮从下上，平均如一’。贤良的人，他的仪态、行为也应始终如一；淑人君子的心灵就是想打了结似的专一牢固。”所以，君子的意志要坚定专一。

在这段话里面，荀子用了多个比喻，形象生动地说明了专心致志，持之以恒的道理。其中，“骐骥”与“驽马”相对，说明天生条件的好坏，不是成功与否的决定因素，只有坚持不懈才是成功的关键。紧接着又用“锲而不舍”和“锲而舍之”作比较，再次说明只有做到坚持不懈、持之以恒，才会有所成就。可见，荀子论证的层次非常丰富，有正面陈词，也有反面论述，有比喻，也有引用。深入浅出，观念鲜明，易给人留下深刻的印象，从而加深劝学的效果。

2. 非我而当者，吾师也；是我而当者，吾友也

原文：见善，修然必以自存也；见不善，愀然必以自省也。善在身，介然必以自好也；不善在身，菑然必以自恶也。故非我而当者，吾师也；是我而当者，吾友也；谄谀我者，吾贼也。故君子隆师而亲友，以致恶其贼。好善无厌，受谏而能诫，虽欲无进，得乎哉！小人反是：致乱而恶人之非己也；致不肖而欲人之贤己也；心如虎狼，行如禽兽，而又恶人之贼己也。谄谀者亲，谏争者疏，修正为笑，至忠为贼，虽欲无灭亡，得乎哉！诗曰："噏噏呰呰，亦孔之哀。谋之其臧，则具是违；谋之不臧，则具是依。"此之谓也。（《修身篇第二》）

解读：原文的大意是：见到善行，就一丝不苟地向他学习。见到不好的行为，则心怀恐惧地反省自己。拥有善良的品行，自己也喜爱自己。如果自身的品行不端，则自己也要厌恶自己。所以，能够恰当地指责我的人，就是我的老师。能够称赞我得当的人，就是我的朋友。阿谀奉承我的人，是我需要防备的人。所以君子都会尊重老师，亲近自己的朋友，而讨厌那些谄媚的人。向善的心永不满足，受到劝告能够听得进去。这样想不进步，也是不可能的。小人则与此相反。他们作乱，却不喜欢别人指责自己。他们本身不仁，却喜欢别人把他当做贤人。他们心如虎狼，行为如禽兽，却又憎恨别人指出他们的罪恶。他们亲近谄媚的人，疏远能够提出劝告的人。这样下去，想不灭亡，也难啊！最后又引用《诗经》中的句子，说："胡乱吸取和诋毁，实在令人很可悲。谋划本来很完美，偏偏把它都违背；谋划本来并不好，反而拿来都依照。"说的就是这种小人。

可以看出，荀子对《诗经》非常熟悉，而且运用自如。想到子贡曾经问孔子：“《诗》云：‘如切如磋，如琢如磨。’其斯之谓欤?”孔子回答说：“赐啊，我可以开始跟你讲《诗经》了！告诉你过去的事情就能推知未来的事情。”看来，荀子也具有这种“告诸往而知来者”的本领。

3. 君子小人之分

原文：君子能亦好，不能亦好；小人能亦丑，不能亦丑。君子能则宽容易直以开道人，不能则恭敬缚绌以畏事人；小人能则倨傲僻违以骄溢人，不能则妒嫉怨诽以倾覆人。故曰：君子能则人荣学焉，不能则人乐告之；小人能则人贱学焉，不能则人羞告之。是君子小人之分也。(《不苟篇第三》)

解读：这段话从有无才能的角度来区分了君子与小人的不同表现。君子有才能是好的，没有才能也是好的；小人有才能是丑恶的，没有才能也是丑恶的。君子有才能，就宽宏大量、平易正直地启发引导别人。即使没有才能，也会恭恭敬敬、谦虚礼让地小心侍奉他人。

小人有才能的话，就会倨傲自大、心术不正、傲慢无礼地欺负他人。小人如果没有才能，就会嫉妒怨恨、恶意诽谤来倾轧搞垮别人。所以说君子有才能，那么别人就会引以为荣地向他们学习。即使没有才能，别人也会乐意地传授他们知识。相反，小人若有才能，但是别人会把向他学习看作可耻的事情；小人如果没有才能，那么别人也不愿意传授他们知识。这就是君子与小人的区别。

关于君子与小人的区别，儒家典籍中多处有提到。譬如《论语》中的“君子群而不党，小人党而不群”，等等。在这里要特别给予提示的是，在儒家典籍中，“小人”二字有时是贬义词，指没有品行的人。但是，有时也是中性词，指普通人。大家要注意区分。弄清楚君子与小人的区别，那么在处身行事的时候，对自己就有一个约束。

4、尧禹者，非生而具者也

原文：凡人有所一同：饥而欲食，寒而欲暖，劳而欲息，好利而恶害，是人之所生而有也，是无待而然者也，是禹桀之所同也。目辨白黑美恶，耳辨声音清浊，口辨酸咸甘苦，鼻辨芬芳腥臊，骨体肤理辨寒暑疾养，是又人之所常生而有也，是无待而然者也，是禹桀之所同也。可以为尧禹，可以为桀跖，可以为工匠，可以为农贾，在埶注错习俗之所积耳。是又人之所生而有也，是无待而然者也，是禹桀之所同也。为尧禹则常安荣，为桀跖则常危辱；为尧禹则常愉佚，为工匠农贾则常烦劳；然而人力为此，而寡为彼，何也？曰：陋也。尧禹者，非生而具者也，夫起于变故，成乎修为，待尽而后备者也。（《荣辱篇第四》）

解读：这段话告诉我们，尧、禹一类的贤人并非天生如此，而是后天修炼的成果。荀子的依据是凡人都有相同之处：饿了就要吃饭，冷了就要穿衣保暖，累了就要休息，趋利避害，这些都是人天生就有的本性，无需后天的修炼。哪怕是贤君禹和暴君桀，他们在这一点上，生来都是相同的，并无多少差异。所以，人的这种天性，可以使人成为贤君尧、禹，也可能使人成为坏人桀、跖。可能使人成为工匠，也可能使人成为农夫、商人，等等。这些都要看他们后天的习俗的积累，而非天生就注定的。

尧、禹常能享安乐与光荣，而桀、跖则常常处于危辱的境地，为人所诟病。尧、禹常常愉快安逸，工匠、农夫、商人则常常劳累而烦恼。然而，大多数人都成为了后者，这是为什么呢？因为他们的知识浅陋，心灵较为粗糙。其实尧、禹并非生来就具有知识、美德，他们是“起于变故”。所谓“变故”在这里不是一个词语，而是一个词组，“变”是动词，意思为改变，“故”在这里是名词，指代人性当中故有的陋习。所以说，尧、禹之所以能成为圣者，是因为他们改变了自己人性中的弱点，不断地修炼，直到人性中的陋习都除尽了，圣贤的品格也就具备了。

5. 人有三不祥

原文：人有三不祥：幼而不肯事长，贱而不肯事贵，不肖而不肯事贤，是人之三不祥也。人有三必穷：为上则不能爱下，为下则好非其上，是人之一必穷也；乡则不若，偝则谩之，是人之二必穷也；知行浅薄，曲直有以相县矣，然而仁人不能推，知士不能明，是人之三必穷也。——人有此三数行者，以为上则必危，为下则必灭。诗曰：“雨雪瀌瀌，宴然聿消，莫肯下隧，式居屡骄。”此之谓也。（《非相篇第五》）

解读：人有三种不祥的事情：年轻时不肯侍奉长者，地位低微时不肯侍奉地位尊贵的人，没有贤德时不肯侍奉贤能之士，这是人的三种不祥之事。人如果有这三种不祥之事，则必然会陷于困厄当中：地位居高却不能爱护自己的下属，身为下属却喜欢议论上司，这是使人必然陷于困厄的第一种情况；相面时不顺从，背后又毁谤他人，这是使人必然陷于困厄的第二种情况；知识浅陋，德行不厚，辨别是非曲直的能力与别人相比十分欠缺，而且对仁爱之士又不懂得推崇，对明理之士又不懂得尊重，这是使人必然陷于困厄的第三种情况。

人有了这“三不祥”“三必穷”的行为，如果身居高位就必然危险，如果身为下属则必然没有前途。最后荀子又引用《诗经》中的句子，说：“下雪纷纷满天飘，阳光灿烂便融消。人却不肯自引退，在位经常却骄傲。”说的就是这种情况。

第三部分　神奇瑰丽的世界：释“道”

“道家”和“道教”不同。道教不是哲学学派，而是一个宗教的派别，二者之间存在诸多区别。首先，道家与道教的“教”义就不一样，甚至完全相反。因为“道家”教导人们顺应自然，而“道教”则教人反乎自然。为什么这样说呢？举一个例子，按照道家代表人物老子和庄子的说法，生与死是一个自然的过程，人们应该平静地接受且顺应这个自然过程。

比如庄子有名的“鼓盆而歌”。庄子的妻子死了，庄子的好朋友惠子前往吊唁。谁知他到了庄子家中，竟见到庄子像个簸箕一样坐在地上，手中拿着一根木棍，面前摆着一个瓦盆。庄子一边敲打瓦盆，一边唱歌。惠子见了很不理解，质问庄子：“你的妻子死了，不哭也就罢了，你怎么还唱歌呢？实在是太过分了！”

庄子答道："不是这样的。我妻子刚刚去世的时候，我如何能不难过呢？只是细细想来，人最初都是没有生命的。不仅没有生命，连形体和气息也没有。生命是由无到有的，现在，又由有到无。这种变化，就像春夏秋冬四季变化一样运行不止。我的妻子现在能够静静地安息在天地之间，而我却要哭哭啼啼，岂不是太不通达了吗？所以才停止了哭泣。"

这就是道家的通达的生死观。但是，道教的主要教义则是教人如何避免死亡，他们研究成仙或成神的方法，如：服食仙药，外丹或炼气导引，内丹修炼等，并借助道教科仪与法术修为等仪式来功德成仙，这显然是违背自然规律的。

道家在我国哲学史上的地位如何？从道家发展史来看，它在公元前5世纪到3世纪的时候，只不过是百家争鸣中的一家而已。但是，随着时间的推移，它与儒家一起，构成了我国思想的两大主流。其他诸家如墨家、法家、纵横家、阴阳家等都不如道家和儒家这么蔚然成风。道家与儒家，正好一个出世，一个入世，它们彼此对立，但是又相互补充，使在出世与入世之间有一种很好的平衡感。

相较而言，儒家强调社会等级秩序，尊崇礼节。道家则主张返归自然，幽隐山林，他们崇尚质朴的生活方式，还有神奇的想象。儒家是现实派，道家则是浪漫派，在道家的想象当中有仙女和妖精，而儒家则"不语怪力乱神"。道家的人常常会嘲笑儒家的人，认为他们救世的努力都是徒劳的。儒家的人却鲜少嘲笑道家的人。一方面可能与儒者自身的修养有关，另一方面，则是承认道家思想并非无稽之谈。这从孔子与老子的交往情况可以看出。孔子曾多次向老子请教，并说老子“犹龙”。据《史记·老子列传》记载，孔子问“礼”于老子之后，对自己的弟子说：“我知道鸟会飞，鱼会游，兽能走。兽能用网捕，鱼能用线钓，鸟能用箭射。只有龙让人不知其乘风云而上天。我今天见到老子，感觉他就像一条龙。”

老子作为道家的重要代表人物之一，他的高洁出世与难以把握，也正是道家学派的重要特点。首先，“道”这个词就不如“儒”那么容易解释清楚。《老子》第一章说：“道可道，非常道；名可名，非常名。无名天地之始，有名万物之母。”第四十一章说：“道隐无名。”这就很难理解了。连孔子都不知其所云，更不要说普通的读者了。所以道家的学说相对来说是比较难读的，好在历来都有许多学者对其做了许多注解。

冯友兰说，“道”其实只是一个代号而已。“我们称道为道，不同于称桌子为桌子。”因为“桌子”代表了某种属性，能够使我们望文生义，知道它的具体形象。而“道”是什么呢？我们无法具体地描绘出来。我们只是抽象地知道，它是“万始之始”，所谓“道生一，一生二，二生三，三生万物”。谁也没见过“道”，就像谁也没见过龙。这就是道家学派令人难以把握的一面。

那么，道家学派的高洁出世体现在哪些方面呢？因为在儒家学派看来，哲学的任务在于使人具有内圣外王的人格。这个和柏拉图的理想有些相似，认为哲学家应当为王，或王应当是哲学家。但是，道家学派的人物却持不同意见。《吕氏春秋·贵生》中有这样一个故事：相传有个圣人，被某个国家的人请求为王，但是，这个人却逃到了一个山洞里躲起来。某国人求贤心切，便想方设法地找到了这个山洞。他们在洞口烧起了一对篝火，用烟把圣人给熏了出来，并强迫他担任本国的君王。而圣人却认为这实在是一件苦差事。这个故事显示出了道家哲学的出世品格。

那么，道家哲学如此难懂且避世，是不是就一点儿用也没有呢？非也。道家哲学的作用绝对与儒家哲学旗鼓相当，而且无可取代，无可抹杀。庄子在《人间世》中说了一个故事，很好地诠释了无用之大用。他说，有一棵树太大了，不适宜用来当柴烧，也不适宜做木器，所以匠人们都不去砍它。庄子认为正是因为如此，这棵树才保存了自己的性命，长得粗壮美丽，还能为路人遮风避雨，风起时还能发出天籁之声。所以，庄子告诫世人："人皆知有用之用，而莫知无用之用也。"总之，"老庄道家是孔学儒家的对立的补充者"，是不可偏废的智慧的结晶。

第五章　道可道，非常道——《道德经》

《道德经》又名《道德真经》《老子》或《五千言》，相传是老子所写。老子其实并不姓“老”。他姓李，名耳，又称老聃。“子”是古时人们对他人的尊称。他是楚国苦县厉乡曲仁里人，曾经做过周朝管理图书的官员，后来成为我国最伟大的思想家与哲学家之一。

老子的生卒年月，至今仍有争议。诸多学者都会思考一个问题，即老子和孔子的出生年月，到底谁早谁晚。胡适先生根据孔子曾问礼于老子，所以推测老子早于孔子。但是，国学大师钱穆先生却认为老子是战国时人，应当晚于孔子。胡钱二人都是当时有名的学者，都非常坚持自己的观点。有一次，钱穆先生见到胡适，便对他说：“胡适先生，老子的年代肯定晚些，我有那么多证据，你就不要坚持了。”胡适先生愤愤然地说道：“钱穆先生，你的论证无法使我信服，我坚决不相信，要是老子晚于孔子，那我连自己的老子都不要了。”据说，胡适先生在给学生上课的时候，还开玩笑似的说道：“老子又不是我的老子。”他的意思是老子跟自己没有亲戚关系，他犯不着为了老子说话，以此来证明自己的论点的公正。

第一节 老子其犹龙乎

老子的出生日期仍然待考。所以有人说他活了一百六十多岁，也有人说他活了两百多岁。人们认为他善于养心，所以长寿。的确，“轻物贵生”是道家的基本思想之一。《老子》第十三章说：“贵以身为天下，若可寄天下；爱以身为天下，若可托天下。”意思是，看重自己的身体胜过看重天下的人，可以把天下交给他。爱他自己胜过爱天下的人，可以把天下委托给他。这与我们平时说的“鞠躬尽瘁，死而后已”的传统美德大不相同。难怪中国作协副主席王蒙先生说要感谢老子，因为他给我们带来了“逆向思维、另类思维乃至颠覆性思维”。一般人认为不大好的东西，他却认为是好的。譬如无为、柔弱、朴拙，等等。总之，你可以不认同他的观点，但是却不能不去思索他的观点。

王蒙还说：“老子非常重要，他是中华民族文化的一座高峰。老子以中华文化特有的想象、感悟、思辨的方式进行自己的终极探寻。谈论老子，已经变成自己的一件快事。”他写有《老子的帮助》和《老子十五讲》。他对老子的喜爱，在于他努力把老子玄妙的思想，与人间和生活结合起来，保有其哲理性、思辨性的同时，赋予其现实性、鲜活性。他认为老子把我国的哲学提高了一个档次。因为过去的儒家哲学，都比较缺乏对人生的终极关怀，过于讲究实用性，而老子提出了“道”的概念，其中寄托了一种对终极真理的探寻、思索。

《史记·老子韩非列传》中对老子的生平有简要的记载，相对来说比较可靠，但是也比较零散。文中只提供了一些与老子相关的若干信息。司马迁作为一个优秀的历史学家，他一定是挑选了自己认为比较重要的几件事情加以记录。其中便包括孔子问礼于老子的故事，还有《道德经》一书的成书经过。老子对孔子有点不大客气。他是比较反对礼制，强调道法自然。孔子大概是听说老子是一位高人，所以想要听听他对“礼”的看法，谁知被泼了一身冷水。老子劝诫孔子：“去子之骄气与多欲，态色与淫志，是皆无益于子之身。吾所以告子，若是而已。”老子毫不客气地指出了孔子的若干缺点。他把孔子远大的志向称为“淫志”，即放荡的志向，这是非常严厉的。

按理，孔子的礼制思想在我们看来是好的，何以成为“放荡”？原因在于老子与我们不同，他是一位隐者。之前说荀子是“看清这个世界，然后爱它”，而老子作为一位隐者，则是看清这个世界，然后离开了它。孔子等人的思想在他看来是为善过度。凡事过犹不及，道家认为一个人的行为若是太好，博得了美名，也不是什么好事。世间有多少人为名利所拖累。不要以为，只有无所作为的人才会去读《老子》，往往许多功成名就的人，他们会更加需要庄老哲学。之前说过的陈思和教授是一例。还有王蒙先生，他不但在写作方面获得成功，而且在中国作家富豪榜也榜上有名。他没有写“孔子的帮助”，而写了《老子的帮助》，他没有写“孟子的享受”，而写了《庄子的享受》。这一现象本身就能说明许多问题。

那么，《道德经》成书的经过是怎样的呢？

古代的隐士往往有很高的声誉，虽然老子不求闻达，但是他的声名已经远扬。他在周朝的首都住了许久，见到周朝王室衰微，无可挽救，于是决定离开周朝。据传，他骑着青牛出了函谷关。关令尹喜对他说：“您就要隐居了，在您隐居之前，能否把您的思想都写下来呢？”老子大概也有此想法，所以他答应关令尹喜的请求，撰写了这本《道德经》。书写完了，人便走了。自此，再也没有人知道他的下落。老子有一个儿子，叫做李宗，做过魏国的将军。看来他的儿子并没有继承父业，而是选择了另外一条道路。《史记·老子韩非列传》中提到了庄子，便是以庄子为老子道家思想的继承人，所以才记录进来。

道家思想大致可以分为三个阶段。老子属于第二个阶段，庄子属于第三个阶段，而在他们之前，还有一个叫做杨朱的人。孟子曾经说过：“杨子取为我，拔一毛而利天下，不为也。”意思是杨朱主张利己，即使他拔一根汗毛能够对天下有利，他也不会去做。可见，杨朱是一个极端的个人主义者。杨朱对此的解释是，首先，天下非一根汗毛就能救济。其次，“人人不损一毫，人人不利天下，天下治矣。”的确难以参透。这里面包含着一种抽象的思辨和智慧的享受，非一般人能解。虽然这个推理过程，我们难以参透，但是，道家思想的原则与指归还是比较明白，那就是无为而治，道法自然。凡是人为的东西，总免不了“伪”，而天下正乱在这些“伪人”手里。

老子比杨朱的思想则更进一步。其中，无为而治，修生养息等思想，成为了西汉初年的治国策略，发挥了重要的作用，黄老之学一时兴起，促成了“文景之治”。综上所述，老子是一个朴素的自然主义者，他关心如何消解社会的纷争，如何使人们幸福安定地生活。只是，他所主张的方法比较独特罢了，充满了思辨之力与思辨之美。

第二节　处世奇术，做人奇境

《道德经》分为《道经》37 章，《德经》44 章，共 81 章，每一章只有一段话，字数不过数百。粗略地计算，《道德经》大概五千字左右，根据版本的不同而有所变化。不过，差别不大。五千个字，对于一本书来说，算是少而又少了。但是，区区的五千言却构成了一个完整的、系统的哲学体系。之前，我们介绍的基本哲学书籍，并不是真正完整意义上的哲学书籍，只是其中零散地蕴藏着一些丰富的哲学思想而已。所以，只有《道德经》才能称得上是中国历史上第一部完整的哲学著作。

《道德经》是先秦道家的代表作之一。它的文体形式像一首首韵文哲理诗。其中，没有通俗易懂的对话，有的是玄妙的哲思以及优美精炼的语句。这个口感可不像巧克力一样入口即化了。它应该像橄榄一样，越嚼越有味道。橄榄放入口中，如果它不添加其他调味剂的话初时是一点儿味道也没有的。你只有咬破了那层皮，或吸出了它的精髓，你才能品尝到橄榄的味道。这样的食物，往往是喜欢的人，就会特别喜欢；而不大喜欢的人，则干脆拒绝把它放入口中。

另外，需要注意的地方是，这本书，名曰“道德经”，容易让不大了解的人产生误会，还以为是要给大家上思想品德教育课，教导大家如何成为一个有道德的人。首先，就产生了一种抵触心理。而稍微了解一点中国传统文化的人，也会感到疑惑。儒学大师是最讲究道德的了，他们都没有把自己的书命名为《道德经》之类，一个道家的代表人物，何以将自己的书命名为“道德经”呢?

你若是愿意去探究，翻开这本书，看看它的目录，就会发现，原来此道德，非彼道德。对古代汉语有一些基础知识的人，应该马上反应过来。古汉语中两个字的词语是比较少的，更多的是单字的词。所以，“道德经”在古时应该是三个词，而不是两个词。其中，“道德”是指“道”和“德”。再对照目录，就能证实这种想法。因为目录里的《道德经》正好分为了上下两部，分别是《道经》和《德经》。我们现在的版本是《道经》在前，《德经》在后。其实，过去曾是《德经》在前，《道经》在后。过去不分章，现在分章。取名的依据大概是，《道经》第一章主要讲“道”，而下篇《德经》的第一章主要讲“德”。“经”就不用再解释了，它是指传世的典范之作。

据联合国有关机构统计，世界上流传范围最广，发行量最大，版本最多的一本书是《圣经》，其次便是《道德经》，有不少外国人研究《老子》。其中，有一个叫做霍姆斯·韦尔奇的人说：“老子的‘无为并不是指避免一切行动，而是避免采取一切充满敌意的侵犯性的行动’。”日本的老子专家福永光司则说：“老子的无为，乃是不恣意行事，不孜孜营私，以舍弃一己的一切心思计虑，一依天地自然理法而行的意思。”多亏了这些外国学者，竟然能够读懂我国的东方神秘主义风格的著作，且能够明白老子的用心良苦。老子在天之灵，是否可以告慰？

其实，《道德经》在国内的影响也很大，它曾以各种方式渗透到中国社会和中华文化的各个角落。统治者遇到它，便从中发现了“愚民政策”，如“虚其心，实其腹，弱其志，强其骨”。就是让百姓吃饱了，身体变强壮了就好，其他的都不用多想。诗人遇见它，就从中参透了人生的道理，升华了自身的境界，写出了这样的诗句：“结庐在人境，而无车马喧。问君何能尔，心远地自偏。莱菊东篱下，悠然见南山。”如此的虚静，崇尚自然，可谓深得道家的精髓。

知识分子，士大夫遇见它，便据此为自己辞官退隐的依据，或者亦官亦隐。正是儒道二家的思想在士大夫身上产生了综合作用。聪明的人遇见它，则从中获得启迪。比如王蒙说自己年轻的时候就喜欢《道德经》。那时，他看的是任继愈教授的注译本。他说：“一个天地不仁、一个宠辱无惊、一个上善若水、一个不争故莫能与之争、一个无为、一个治大国若烹小鲜、一个生也柔弱死也坚强，就把我惊呆了。我觉得老子深不见底，我觉得他的论述虽然迷迷瞪瞪，却是耳目一新，让人大开眼界，一下子深刻从容了许多。”而不大聪明的人，遇见了它，也会感到高兴，因为《道德经》正是喜欢朴拙的人。就连孩童遇到它，也会引以为知己。因为《道德经》是最赞扬儿童的一部经典。他认为人的最佳状态应该像婴儿一样，没有伪饰。是他自己该有的样子，这就是道家的“德”，和儒家的德很不一样。若是老人，兴许还能从中看出养生之道。

所以，同样一本书，能够横看成岭侧成峰，可见其思想的深邃。人说，有一千个读者，就有一千个哈姆雷特。同样，有一千个读者，大概也有一千个老子。但是，这一千个老子里面，一定有一些共性，那就是人们对它不能不称奇。它教人处世的方式是“奇术”，教人做人的境界是“奇境”。

“奇术”体现在，它以退为进，以柔克刚，“后其身而身先，外其身而身存”，知雄守雌、知白守黑、知荣守辱，欲取固予，等等。总之，他的方法都充满了辩证的色彩，而且深刻有理。“奇境”则体现在上善若水，宠辱不惊，等等。都是后世引用率极高，而且颇为使人从容受用的招数。如果你尚年幼，还用不着这些奇术奇境，你就是把《道德经》当做一本反义词词典来读，也是可以的。

第三节　原著选读：五千言内隐玄关

1. 天下皆知美之为美

原文：天下皆知美之为美，斯恶已；皆知善之为善，斯不善已。故有无相生，难易相成，长短相形，高下相倾，音声相和，前后相随。是以圣人处无为之事，行不言之教。万物作焉而不辞，生而不有，为而弗恃，功成而不居。夫唯弗居，是以不去。（《道经》第二章）

解读：首先要声明，我用的并非直译法。原文的大概意思是：天下都知道美之所以为美，同时，丑的观念也产生了。天下都知道善之所以为善，同时，恶的观念也产生了。所以，有和无互相生成，难和易互相形成，长和短互相对照，高和下互相呈现，音和声互相应和，前和后互相追随。所以，圣人以无为的态度来处事，实行“不言之教”。万物兴起，而不横加干涉，万物生长而不占为己有，作育万物而不自持有才，功成名就而不居功自傲。正因为圣人不居功自傲，所以他的功绩才会被世代传诵。

在《老子》一书的五千言中，存在许多的“相反相成”的词组。这段话中，就出现了美丑、善恶，有无、难易、长短、高下、音声、前后。由此可见，人的价值判断，常常是相对而言的。因为，没有参照，没有对比，似乎就无法做出判断。但是，所有的这些判断都是人为的价值断定，因此，关于同样一件事情，由于主观原因等因素，就会出现不同的判断，而执念于这些判断的人，就会与人产生争论，却不知自己所持的实质是一种偏见。所以，还不如不言而教，无为而为。

须知，参差百态乃幸福之源。天地之间，食物纷杂，各呈其态，是自然而然的事情，无需多做争论，只需做好自己的事情。无为并不是什么都不要做，因为后面就提到“为而弗恃，功成而不居”，可见，事情还是要做，只是不要恃才傲物，自以为是，否则枪打出头鸟，易引来灾祸。

2. 天地不仁

原文：天地不仁，以万物为刍狗；圣人不仁，以百姓为刍狗。天地之间，其犹橐龠乎？虚而不屈，动而愈出。多言数穷，不如守中。(《道经》第五章)

解读：天只是一个物理性的、自然的存在，并不具有人类的情感，所以说“天地不仁”，天对万物是没有亲疏关系的。这个观念，打破了古代把天、神比作人的想象，奠定了自然哲学的基础。所谓“刍狗”，是用草扎成的狗，供古时祭祀的时候使用。人们容易把“刍狗”理解成下贱的东西，以为天地对我们不仁。另外，还有一种解释是认为万物像刍狗一样自生自灭，天地无心干涉或怜悯。所以，老子认为，圣人也要效法天地，对百姓不加偏爱，任其自然发展。天地之间，就像一个风箱，空虚但不枯竭，万物照样生生不息。所以，圣人应道法自然，过多地发号施令，只会加速灭亡，不如持守虚静。

这段话有很高的思想境界，也算是“奇境”之一种了。需注意，人们容易对这段话产生误解。在提到这段话的时候，如果你的心中充满愤激，就说明你没有真正理解这段话的意思。

老子在说这段话的时候，以及学者在注释这段话的时候，都是心平气和的。因为老子揭示的是天地之间的自然规律，没有好坏之分。无论是古今中外，都会幻想天神是仁慈的，公正的，他们会救我们于苦难之中。而老子告诉了我们“天地不仁”的事实。往往，接受了这个事实的人，他不会对上天抱有幻想，也不会对圣人抱有幻想，他会求诸于己，做好自己该做的事情。抱着这种想法的人，往往更加容易获得成功，自我的内心也更加强大。所谓“天若有情天亦老，人间正道是沧桑”。认清了这个事实，便会力图提高自身，为在沧桑的正道上行走做足准备，总比充满幻想，频频碰壁，频频失望，从而抑郁寡欢，怨天尤人要好。

3. 上善若水

原文：上善若水。水善利万物而不争，处众人之所恶，故几于道。居善地，心善渊，与善仁，言善信，政善治，事善能，动善时。夫唯不争，故无尤。（《道经》第八章）

解读：上善之人，如水之性。我们知道“水性杨花”是一个贬义词，但是在这里“水性”又是一个极高的赞誉，或许我们可以用另外一个词语来替代，那就是“水德”。“水性”虽然轻浮变化，但是“水德”则为上善的标本。其实，“水”历来都是一个非常充满灵性的事物。它曾给许多善观察的人带来灵感。孔子就很喜欢看水，并且慨叹：“逝者如斯夫，不舍昼夜。”与诺贝尔文学奖失之交臂的现代作家沈从文，专门写了一篇《我的写作与水的关系》，以表示对水的深厚感情。

老子也从水中获得了重要而独特的感悟。他发现水善于滋润万物，却从不与万物争执。人们总是在水中洗东西，把污垢都排到水中。水处于大家都嫌恶的地方，所以它离“道”最接近。为什么这样说呢？后文给出了“水之七善”。老子说的比较简练而不明。苏辙在《道德真经注》中做了更加详细的说明：所谓“善地”，并不见得高地就是善地。水是“避高趋下”的；所谓“善渊”，是指水空虚静默，深不可测；所谓“善仁”是指水滋润万物，但是从来都不求回报；所谓“善信”是指水被圈住以后会在其中打转，遇到水里有东西就会分流，遇到阻碍就会停止，而遇到出口就会自然流走；所谓“善治”，是指洗涤污秽，平准高下；所谓“善能”是指水没有固定的形状，遇物赋形，而不留于一；所谓“善时”是指冬天凝固春季结冰，干涸或溢满都不失节气。

水有这么多的优点。而往往行善却很高调的人容易遭到人们的非议。但是，水唯不争，所以，它兼有七善，而没有过错。

4. 无用之用

原文：三十辐，共一毂，当其无，有车之用。埏埴以为器，当其无，有器之用。凿户牖以为室，当其无，有室之用。故有之以为利，无之以为用。(《道经》第十一章)

解读：原文的大意是，车轮上有30根辐条，共同插在一个车轴中。因为车轴中间有空隙，所以才能够成为一个车轮。用陶土做成的器皿，因为器皿中空，所以才有器皿的作用。开凿门窗建造房屋，因为有了室内的空隙，所以才能够有房屋的作用。所以，“有”带给人实际的利益，但是“无”却能使“有”发挥作用。

老子果然是习惯运用逆向思维的高手。这让我们想起一个现象，就是一张白纸上画一个黑点，大多数人往往看到的是黑点，却忽略了大片的空白。老子在几千年前就已经注意到这个问题。他发现人们，尤其是中国人特别注重实用主义，而忽略了空、无的作用。设想一下，如果车轮没有车轴中空的地方可以转轴，又如何行驶呢？器皿如果没有中间空空的地方，又怎么能够收纳下其他的物品呢？房屋如果没有窗子、门这些中空的地方，可以出入、透气，如何能居住呢？

可惜，常人都忽略了这一点。老子的目的在于引起人们对“无之以为用”的注意，使人不再拘于现实中所见的具体形象。而且，还要注意有与无之间相互生成、相互为用的原理。

5. 善贷且成

原文：上士闻道，勤而行之；中士闻道，若存若亡；下士闻道，大笑之。不笑不足以为道。故建言有之：明道若昧；进道若退；夷道若颣。上德若谷；大白若辱；广德若不足；建德若偷；质真若渝。大方无隅；大器晚成；大音希声；大象无形；道隐无名。夫唯道，善贷且成。（《德经》四十一章）

解读：原文的大意是上等才智的人，一听说“道”，就努力去实践；中等才智的人，一听说“道”，就半信半疑；下等才智的人，一听说“道”，就哈哈大笑。不被下等才智的人嘲笑，就不足以称为“道”。所以，古人有云：光明的“道”好像暗昧；前进的“道”好像后退；平坦的“道”好像崎岖。最崇高的德行有如低下的山谷；最洁白的事物有如含垢；广大的德行好似不足；刚健的德行好似怠惰；质朴的德行像随时会变化的样子。最大的方正没有棱角；最大的器物很晚完成；最大的声音反而没有声响；最大的形象反而没有形状；“道”幽隐而没有名称可说。只有“道”，善于辅助万物并且使它们一一完成。

老子怎么就这么犀利呢？他总是从事物中看到那隐而不显的“道”。他是个多么不容易被表面现象所迷惑的人啊。难怪他说“五色令人目盲，五音令人耳聋”。他总是把这些相反相因的东西放在一起，达到了一种“陌生化”的效果，让我们仔细去辨别它们之间的异同和联系。对我们的智商真是一次次严峻的考验。有时看了《老子》，会觉得难过，觉得自己好像是他所说的那种“中士”或“下德”。相信许多人都有和我一样的感受。好在《老子》告诉了我们“上士”和“上德”是什么模样，我们还有机会向他们学习。

第六章 奇葩独放——《庄子》

学界公认，读中国哲学，不能不读《庄子》。《庄子》一书，奇葩独放，充分反映了战国时期的精神和面貌，是一部以庄子思想为主的具有完整体系的道家专著。《庄子》书中保留了老子的自然天道观。但是，它又与《老子》不同。《老子》全文只有五千个字，而《庄子》却洋洋洒洒十万余言。《老子》读起来比较晦涩，而《庄子》却用生动幽默的笔调，在深奥的哲理间，灌注了丰富的想象、恣肆的议论、机智的譬喻，给人以强烈的感染力。金圣叹称它是“天下第一奇书”，并把它与《离骚》《史记》《杜甫诗集》《西厢记》《水浒传》并列为“六才子书”。

第一节 会讲故事的自由男神像

《庄子》的作者严格地说来，并非一人，《庄子》基本上是庄子及其后学弟子所共同完成的。这是古代的典籍存在的一个比较普遍的问题，因为年深日久，加上庄子学说对后世的影响较大，所以难免会有人不断地去阅读，并整理这本书籍。尤其是庄子的学生，如果思想有了新的发展，就不免想要补充或完善庄子学说。如此一来，《庄子》就成了一盘精致、影响丰富的杂烩。不过，好在这盘杂烩仍然以庄子的思想为主体，后学并没有反客为主。

《庄子》全书总共13篇，分为内篇、外篇、杂篇三个部分。其中内篇有7篇，外篇有15篇，杂篇有11篇。总的来说，内篇的思想和文风都比较统一，后世的学者推断应该是庄子本人所写。而外篇和杂篇则有一些观点与内篇有差异，比如在处世态度上，有的宣扬避世，也有的宣扬混世。所谓“混世”，它与出世和入世都不大相同。它虽入世，但是又不像儒家那样孜孜以求地维护仁义道德，有点玩世不恭的味道。

所以，后世学者猜测外篇与杂篇乃庄子的传世弟子所作。这也说明庄子之后，他的学说仍然在发展，没有停滞下来。正像“孔丘之后，儒分为八；墨翟之后，墨离为三”一样，庄子学派也发生了分化。所以，如何辨认哪些是庄子的本意，哪些是后学，就成为一个问题。经过学者的研究，他们想出了一个区分的办法，就是“只要不违背《天下》篇所表述的庄周观点，都应归属于同一体系。因此可以说，《庄子》是以庄周思想为主体，从战国中至秦汉间庄周学派的总集”。这也反映了从战国中至秦汉间的社会变化，以及各个学派之间的相互渗透、相互影响。

庄子，又名庄周，约生于公元前369年，卒于公元前286年，属于战国时期。据说庄子本来是有贵族血统的，他是楚庄王的后裔，但是由于动乱，举家迁到了宋国。他在宋国也没有显贵，他不大喜欢与人交际，除了他的几个弟子，少有人认得他。《史记》中都没有给他辟出一个专门的章节，而是把他放在了《老子·韩非列传》里面，而且也没有处在非常突出的位置。不过，这也是情有可原，并不见得是司马迁故意怠慢庄子，而是司马迁写《史记》的时候，庄子已经逝世两百多年了。所以关于庄子的资料就比较难搜集。

根据《史记》里面的《庄子小传》记载，我们可以知道，庄子曾经做过管理园林的小官，这个职务就跟齐天大圣担任“弼马温”没有什么两样。他实在是太低调了，藏身在一个陋巷里面韬光养晦，著书立说。据说，孟子和他是同时代人。当时孟子的风头很劲，批这个批那个，认为他们都是“邪说”。要是孟子知道庄子的话，一定也会将他的学说斥为“邪说”。但是，没有见到孟子批庄子的材料。后世学者的解释是庄子“只在僻处自说”，从何批起呢？

但是，实际上，庄子的学说是非常重要的。庄子本身也是相当博学多才。他当时几乎读遍了各个学派的著作，对老子的学说比较感兴趣，引以为同类。但是，他和老子又有所不同。他的形象更鲜活一些，俏皮一些，有趣一些。虽然正史里面关于庄子的记载不多，但是，在民间流传着更多的关于庄子的传说。比如“庄周梦蝶”“知鱼之乐”“宁做泥中龟”“鼓盆而歌”，等等。这都得益于《庄子》一书的记录。

比如《庄子·杂篇·外物》中记载了这样一个故事。说是有一年春天，庄子遇到了粮荒，无米下锅，于是不得不去找管理黄河水利的官员借米，这个人是庄子的老朋友，但是为人极吝啬。他见到庄子来借米，又不好断然拒绝，于是说："好吧，等到了年底，百姓给我交了赋税之后，我一定借给你三百斤。"庄子听了十分生气。要是孟子遇到这种情况，恐怕会慷慨激昂地说一大堆。但是庄子却讲了一个笑话，自嘲嘲人。笑话的大意是："我是一条鲫鱼，躺在路边，求你给我一升水，就可以活命。你却绕开我，说你要去游江南，游完江南，再去蜀国放大水入长江，然后再引长江水入黄河，让黄河泛滥，波涛滚滚地来营救我。你绕这么大的弯子，还不如早点去干鱼店来找我呢。"慢慢地，庄子这些巧言智语传播了开来。所谓金子总会发光的，他再韬光养晦，他的才华还是不经意间就流露了出来。人们对于这样幽默、犀利的话语总是乐于传诵。

庄子特别会讲故事，他几乎不与人正面交锋，都是通过讲故事来陈述己意。有一个叫做"曹商"的人，和庄子一样住在陋巷，但是他的嘴巴特别甜，于是，齐王派他去秦国办事。事毕，秦王送了他 100 辆车，他回齐国之后，想在庄子面前炫耀一下，那时庄子正在家中编草鞋。曹商见状，得意洋洋地说："要说无能吧，我也真无能。住在贫民窟里，靠编草鞋为生，一副面黄肌瘦的样子。不过呢，我被派去秦国搞外交，动动嘴皮子，屁股后面就能跟回 100 辆车，这点能耐还是有的。"庄子听闻，不急不忙，又讲起了故事，他说："听说秦王长了痔疮，悬赏求医，赏金非常高。凡是能给他的痔疮消炎的，奖励一辆车。凡是能给他的痔疮舔血的，每次奖励 5 辆车。哎呀，你恐怕舔了 20 次吧，怪不得领了那么多车。"曹商气得说不出话。旁人见了都佩服庄子的机智与幽默。

按理，凭借庄子的才能，完全可以享有高官厚禄，而且，他也不是没有这样的机会。有名的“宁做泥中龟”的故事，就是说庄子拒绝做官，载在《庄子·外篇·秋水》中。可见，庄子非常看重自由。裴多菲有一首诗，“生命诚可贵，爱情价更高，若为自由故，二者皆可抛。”庄子一定会表示同意。《庄子·内篇》的第一篇就是《逍遥游》，讲一只大鱼化身为鸟，展翅高飞。它的翅膀太大了，风小了，飞不起来。所以它要飞到九万里的高空，才能够御风而行。大鹏告一段落，接着又来一个“飞仙”列子。这个列子也是道家的人物，据说修得了“风仙之术”，无需器械，就能够乘风飞翔。

庄子心中对大鹏和列子应该是有一些羡慕，但是，他也指出，大鹏和列子貌似没有借助任何器械飞了起来，但是他们依靠了“风”。如果没有风，他们再神通广大，也是飞不起来的。所以，庄子感叹，连他们都不算真正的自由。因为只要有所依凭，就有所限制，从而不自由。有一个办法，就是将风溶解在血中，溶解在骨子里。如果说孔子崇拜周礼，孟子崇拜大丈夫，荀子推崇教育，老子崇拜婴儿，我想，庄子崇拜的大概是风，庄子想做的大概也是像风一样的男子。自由自在，无所依，无所碍，无所累，以游于无穷。他是东方的一尊“自由男神像”。

第二节　维以不永伤

人生在世，孔孟之道可以帮助我们解决许多世俗人生的问题。但是，老庄哲学则能帮助我们解决更高层次的精神困境。尤其是在一些特殊的时期，庄老哲学的作用就会凸现出来。

素有“诗佛”之称的王维，写有两首送别友人之作。一为《送綦毋潜落第还乡》，其中有句“圣代无隐者，英灵尽来归。遂令东山客，不得顾采薇”，另有《送别》，其中有句“君言不得意，归卧南山陲。但去莫复问，白云无尽时”。“采薇”指归隐，里面包含一个典故，即伯夷、叔齐隐居山野，义不侍周的故事。而“南山”指终南山，素有“仙都”“天下第一福地”之称，是道家的发源地之一，也是古代知识分子的隐居之地，常常是高人云集于此。为此，隐士在古代有很高的名望，所以，有些人本来想做官，却故意隐居到终南山，以扩大自己的名望，故此，这种以退为进的入仕方式被称为“终南捷径”。

同样是送别友人之作，前者充满乐观的情绪，激昂的气势，劝友人不要灰心，不得退隐，因为身处“圣代”退隐是一件可耻的事情。但是，后者则隐藏着无奈的情绪，以及故作豁达的心态。这种心态在中国知识分子当中，是具有普遍意义的。得意时则入世，失意时则出世。道家思想对儒家思想的互补，给中国的知识分子留下了一个进退的余地。即使“今朝不称意”，也可以“归卧南山陲”，佛道思想美化了此种行为，知识分子也就做得更加理直气壮。

其实，佛、道思想是有相通之处的。《红楼梦》中的和尚与道士就常常一起出场。所以，在“诗佛”王维的思想中，亦有道家的影子。尤其是那一句“但去莫复问，白云无尽时”，悠悠地抚慰在人的心灵之上，给人一种超尘脱俗之感。它使人摆脱心灵的痛苦，归复平静，可谓，深得道家思想的精髓，与我们当今的“神马都是浮云”有相同的功效。

庄子生活的那个年代，应该说远远称不上是“圣代”，而应是“不得意”的时代。那时，战乱频繁，弱肉强食，大国吞并小国，百姓苦不堪言。庄子面对乱世中的景象，如何能保持内心的平静呢？人非草木，岂能无情？他定是经历了一段痛苦的挣扎时期。著名学者徐复观说：“庄子的忧患意识源自他自身的苦难，源自时代的悲惨境遇。”那么，如何超越这些苦难，便成为摆在庄子面前的一个迫切需要解决的问题。

我想，庄子的复归平静的过程，也就像训练斗鸡的过程一样。在《庄子·外篇·达生》中，庄子讲了一个故事。有一个叫做纪省子的人为国王训练斗鸡。十天以后，国王问他：“鸡可以参加打斗了吗？”纪省子说：“还不可以，现在这只斗鸡正是内在空空，而却神态骄傲的时候。”过了十天，国王又问，纪省子回答说：“报告国王陛下，还不可以，因为这只鸡现在听到别的鸡叫，或者看到别的鸡的影子，还是会做出好斗的样子。”于是，国王又给了他十天，十天过后，国王来询问，纪省子仍然说：

“报告国王陛下，这只鸡还是不宜参加战斗，因为它现在看上去依然斗志昂扬。”国王说：“我再给你最后十天时间，你训鸡的方式还真是奇怪，不过，我相信你。”过了十天，国王再问，纪省子答说：“国王，这回可以了，这只鸡被我训练得当看见别的鸡时虽然会叫，但是已经面不改色心不跳了。看上去就像一只木鸡，可算是德性完美了。”不得不承认，纪省子训鸡的理念实在是太特别了，但是又太管用了。这只鸡上了“战场”以后，竟然不战而胜，因为别的鸡见到它“呆若木鸡”的样子，没有敢上前挑战的，一一都被吓跑了。

千万不能把这个故事当成一个笑料，这其中隐含了深刻的哲学道理。首先，第一个十天，纪省子说鸡是内里空空，但却神情骄傲。这很像我们有些人犹如水桶中的半桶水哐哐作响。庄子最初见到外界的纷乱，心中一定是愤激不平的，就像仍有斗志的鸡一样。只有把自己训练得不为外界所动，才能够成为自己的主宰，也才能充分地发挥自己的才能，立于不败之地。

这个弯子要能绕得过来。庄子的哲学，在一定程度上，我们可以把它看做是教人免于内伤的哲学。为什么要免于内伤呢？因为这个世界有太多的丑陋，你要是不能掌握这种本领，就会使自己伤得体无完肤，如此一来，你就成了一个废人，还谈什么穷则独善其身，达则兼济天下呢？

所以，庄子根据自己的亲身体会，破天荒地提出了“有人之形，无人之情”的理念。他知道我们中华民族有一个重情重义的传统，但是，也有你争我夺的事实。所以，在这样的事实面前，他提出了“无情”与“心镜”的理论。他知道这些理论容易被人误解，所以，他解释道：“吾所谓无情者，言人之不以好恶内伤其身。”也就是说，“无情”并非真的无情，只是不要因为有情而伤害到自己。因为，一个人的好恶，对人心的扰动实在是太厉害了。尤其是在战争年月，人心的动荡就更加厉害了。早在《诗经·卷耳》中，就提到行军在外的男人，心中的那份悲苦。男子感慨：“我姑酌彼兕觥，维以不永伤。”意思是：“且把大杯斟满酒，不让心里老悲伤。”

庄子所处的年代，也是一个悲苦的年代。但是，庄子作为一个博览群书的智者，他不可能像兵士一样买醉。他只有依靠自己的智慧，探寻如何避免外界的伤害，从而能够专心做好自己的事情，使技艺达到高超的境界。他在《达生》中还说了一个故事。一个人捉蝉如探囊中之物，那是因为他在捉蝉时，即使别人用整个天下来换这一只蝉的翅膀，他也不为所动。因此，才掌握了这么高超的技艺。

此外，免除伤害还有一个办法就是用心若镜。庄子说：“至人之用心若镜，不将不迎，应而不藏，故能胜物而不伤。”意思是，高人的心应该像镜子一样，外物来到它的面前，它不顺从，也不逆行，而是照出外物原本的样子。当此物离开，它也就任其形象消失，并不在心中藏下外物的样子。如此，方能容纳外物，而不受其伤害。

就像丰子恺在其《艺术鉴赏的态度》中所说：“玲珑而洁白的山羊、白兔，点缀在青草地上，分明是好生好美的神的手迹，何尝是供人杀食的？草屋的烟囱里的青烟，自己在表现他自己的轻妙的姿态，何尝是烧饭的偶然的结果？”也就是说，我们把心变作一面镜子，让外物在我们的心镜中自得自在，实际上也就是让我们自己的心灵自得自在。

当然，《庄子》的哲学还远不止于此。它的博大精深，绝不是三言两语就能说清楚的，我只是说出了比较受用的几点。至于它对后世的影响，既深远又复杂。稍具一些文化知识的人，都喜欢读《庄子》。庄子本人一生拒绝与统治者合作，但是封建统治者偏偏爱读《庄子》。唐天宝元年，庄子被奉为“南华真人”。所以，《庄子》有一个别名——《南华真经》。后人读《庄子》也是各取所需。有人取它的不满现实，鄙弃功名。有人取它的自我修炼，自我陶醉。即使抽象思维还达不到这样的高度，《庄子》仍能满足你的形象思维。其中充斥着大量的神话、传说。综上所述，它想不受欢迎都难。

第三节　原著选读：故事会

《庄子》中到底讲了多少个故事，似乎没有人认真地统计过。想必是太多了，俯拾皆是，统计起来也有些困难，数着数着容易失去耐心吧。不如好好地享受一下《庄子》带给我们的故事大餐。以下挑出几则，不一而足，挂一漏万，以供读者诸君欣赏。

1. 庄周梦蝶

原文：昔者庄周梦为胡蝶，栩栩然胡蝶也，自喻适志与！不知周也。俄然觉，则蘧蘧然周也。不知周之梦为胡蝶与，胡蝶之梦为周与？周与胡蝶，则必有分矣。此之谓物化。（《齐物论第二》）

解读：原文的大意是，过去庄周曾梦见自己变成了蝴蝶，生动活泼的蝴蝶，自己都觉得非常得意！忘记了自己是庄周啊！梦醒之后，惊疑自己又是庄周。分不清是庄周梦见自己是蝴蝶，还是蝴蝶梦见自己是庄周。庄周与蝴蝶，到底哪个是我呢？时而化为庄周，时而化为蝴蝶，这就是“物化”，即事物变幻形态。

这个故事本身比较神秘，要理解这个故事，最好结合这个故事所处的篇章来考虑。这个故事在《齐物论第二》的末尾最后一段出现。这一篇是《庄子》中的名篇。所谓“齐物论”，据说有两种解释。一种解释是“齐物”论，一种解释是齐“物论”。《庄子浅注》的作者曹础基认为，二者密切相关。根据文中所论述的内容，后者是主要的。

那么，所谓“物论”是指对客观事物的评论。前文说过，由于一千个读者，就会有一千个哈姆雷特，所以，对于相同的事物的评价，就会产生不同的评论。这在我们生活中是常见的事情，甚至有人会因此感到困惑。譬如，“任何一物，既有其被肯定的理由，也有其被否定的理由”。人更是如此。所以，庄子认为自己有时被看做庄子，有时被看做蝴蝶，甚至有时被看做狗熊，都有可能。那么，因为有这样认识上的差别，所以就会有争论，所以天下就不太平。

齐物论中，开头教人从人籁、地籁、天籁中，悟出“吹万不同”。风吹千万个洞穴，而声音各不相同。以此想到物论的不同，产生于人心的不同。那么，由于人心的不同，而产生的是非，实在是纷纷扰扰。庄子不堪其扰，便希望大家齐“物论”，认清无论是哪种物论，不过都是一个偏见，甚至像庄周梦蝶一样，是一场虚幻，没有定准。因此，没有必要争来争去，制造事端。

正所谓来说是非者，便是是非人。宋代的无门慧开禅师写了一首诗：“春有百花秋有月。夏有凉风冬有雪。若无闲事挂心头，便是人生好时节。”与庄子英雄所见略同。

2. 庖丁解牛

原文：庖丁为文惠君解牛，手之所触，肩之所倚，足之所履，膝之所踦，砉然响然，奏刀騞然，莫不中音。合于《桑林》之舞，乃中《经首》之会。

文惠君曰：“嘻，善哉！技盖至此乎？”庖丁释刀对曰：“臣之所好者道也，进乎技矣。始臣之解牛之时，所见无非全牛者。三年之后，未尝见全牛也。方今之时，臣以神遇而不以目视，官知止而神欲行。依乎天理，批大郤，导大窾，因其固然。技经肯綮之未尝，而况大軱乎？良庖岁更刀，割也；族庖月更刀，折也。今臣之刀十九年矣，所解数千牛矣，而刀刃若新发于硎。彼节者有间，而刀刃者无厚；以无厚入有间，恢恢乎其于游刃必有余地矣。是以十九年而刀刃若新发于硎。虽然，每至于族，吾见其难为，怵然为戒，视为止，行为迟，动刀甚微，谍然已解，如

土委地。提刀而立，为之四顾，为之踌躇满志，善刀而藏之。”文惠君曰：“善哉！吾闻庖丁之言，得养生焉。”（《养生主第三》）

解读：庖丁解牛的故事我们都知道，现在用来比喻做事时掌握客观规律，则可得心应手，运用自如。有人知道它出自《庄子》，却鲜有人知道它出自《庄子·养生主》这一篇。

“养生主”是什么意思呢？“主”是一个关键，它在古代的时候，是“灶”这个字的本字。这是一个象形字，“主”的下面像一个灯罩，而上面一点，则像是火苗。所以，“养生主”意思是保养生命之火。这个生命之火，有别于体育锻炼或者营养保健之类的强身健体。

我们且看庖丁解牛的故事大概，与养生主有何关联？

据说，一个姓丁的厨师为文惠君解剖牛肉。只见这位厨师二话不说，拿起屠刀，便动起手来。他一会儿用手掌支撑，一会儿用肩膀靠着，一会儿用脚踩住，一会儿用膝盖顶着，挥刀就像奏乐一样，只听见霍霍的刀声。这个刀声的节奏，竟然像《桑林舞》和《经首乐》，实在是太神奇了。

文惠君忍不住拍手赞叹：“哇！太棒了！怎么会这么厉害？有什么技巧吗？”姓丁的厨师放下屠刀，对文惠君说：“我感兴趣的是‘道’，这个‘道’比技巧要高明许多。从前，我学宰牛的时候，眼前只看得见一只全牛，不知从何下手。后来，三年学满之后，我见到的不再是一只全牛，而是可以窥见牛的骨骼构造。如今，我已经不需要用眼睛去看了，只需凭借心灵的洞察，以及直觉的支配，就可以顺着牛肉的肌理下刀，穿过骨节之间的缝隙，刀刃向阻力最小的地方走去。碰上筋骨，我就绕道，决不硬切，更不用说粗壮的骨头了。要知道干我们这一行的，高级厨师遇到筋肉就使劲割，一年换一次刀。普通厨师遇到骨头便砍，一个月就得换一次刀。而我这把刀，用了19年，宰了几千头牛，还像新的一样。因为我知道，骨节之间总有空子可钻，而刀口很薄，完全可以直切进去，尚有余地。不过，说实话，如果遇到筋骨纠结得太复杂的地方，就得格外小心，眼睛都不敢眨一下，手脚也没这么快，整个解剖过程，我下刀很轻，只听见一阵乐声，全牛就被我卸开，好比大山滑坡一样顺溜。每次，宰完牛后，我的心里都十分满意，环顾一下四周的观众，把刀擦拭干净，插回刀鞘，就算大功告成。”

文惠君说：“妙极了，听了你谈宰牛，我懂得该怎么养生了。”

可以说，庖丁解牛的故事十分精彩，但是，文惠君最后一句话让人摸不着头脑。宰牛和养生有什么关系呢？原来，庖丁解牛的方法，实际上是顺应自然方法的形象写照。“以无厚入有间，恢恢乎其于游刃必有余地矣”，这句话听起来就十分畅快。庄子曾说“缘督以为经”，即“顺着自然的理路以为常法”，这是《庄子》养生养心之法的核心。

3. 螳螂挡车

原文：汝不知夫螳螂乎？怒其臂以当车辙，不知其不胜任也，是其才之美者也。戒之！慎之！积伐而美者以犯之，几矣！

汝不知夫养虎者乎？不敢以生物与之，为其杀之之怒也；不敢以全物与之，为其决之之怒也；时其饥饱，达其怒心。虎

之与人异类而媚养己者，顺也；故其杀者，逆也。（《人间世第四》）

解读：原文的大意是，你不知道螳螂吗？奋举双臂以挡车轮，却不知它的力量无法胜任，还自以为自己的手臂多么漂亮。所以，你要以螳螂为戒，小心谨慎，如果老是在太子面前炫耀你自以为是的东西，却不知道灾难临头，那么，你和这只螳螂就没有区别了。

你知道养老虎的人，不敢给老虎吃活的动物吗？因为怕老虎扑杀活物的时候会发怒。而且也不敢以用整只动物去喂，因为怕老虎在撕咬动物的时候发怒，从而恢复残酷的本性。所以，在喂老虎的时候，要伺机等待，引导它发怒的性情，使其在可能发怒的时候，不至于发怒。老虎与人类不同，怎么会听饲养员的话呢？因为饲养员懂得驯服引导。而老虎杀人，是因为人们触犯了它。

“人间世”的“间”应读第四声，是介入的意思。该篇主要讲人在世间的处世哲学。该篇由六七个寓言组成，“螳螂挡车”是其中的一个。整篇都让人感觉“伴君如伴虎”，表明庄子不愿做官的原因，和儒家祖师孔子的态度大不相同。上述故事，形象地说明了侍候君王的危险。因为，古代的读书人，都是学而优则仕。当时，虽然务农辛苦，而做生意却是让人瞧不起的职业。通过读书，考取功名是最辉煌的道路选择，很多人都希望走上这条道路。所以，那时的人，人生的经历中，做官是一个很大的挑战。庄子针对这种现象，提出了自己独到的见解。他认为遭逢乱世，做人很难。尤其是侍奉君主，就难上加难。所以，规劝大家，生逢乱世，“要懂得无用无为才是福”的道理。

那么，有没有侍奉暴君的方法呢？答案是有的。同样在这一篇中，庄子虚构了一个孔子和其弟子颜渊的对话，来说明这个办法。孔子对颜渊说：“想要对付卫国的那个暴君，你自已必须进行‘心斋’，也就是‘心灵大扫除’，如果你心中充满了想当然，这样是不利于从政的。”颜渊以为自己家里贫穷，已经很多个月不吃荤不喝酒了，说自己相当于在斋戒，难道还不够吗？孔子说：“你这是祭神的斋，而不是心斋。”

颜渊便请教孔子，什么是心斋。孔子说：“要达到意念的专一，停止浮想联翩。然后不用耳朵去听外界的声音，因为耳朵的功能有限。而是要用心去听，用灵魂去听，这样才能在心中容纳大千世界。从而扫除内心的成见，你便知道怎么对待那个暴君了。”

4. 梓庆削木

原文：梓庆削木为鐻，鐻成，见者惊犹鬼神。鲁侯见而问焉，曰：“子何术以为焉？”对曰：“臣工人，何术之有！虽然，有一焉。臣将为鐻，未尝敢以耗气也，必齐以静心。齐三日，而不敢怀庆赏爵禄；齐五日，不敢怀非誉巧拙；齐七日，辄然忘吾有四枝形体也。当是时也，无公朝，其巧专而外骨消；然后入山林，观天性形躯，至矣，然后成见鐻，然后加手焉；不然则已。则以天合天，器之所以疑神者，其是与！”（《达生第十九》）

解读：鲁国有一个有名的细木工匠，名字叫做庆，是管木工的小官。他做了一个悬挂钟磬等乐器的木架子，上面刻着鸟兽等装饰图案。样式新奇，雕刻精美，简直如鬼斧神工。鲁侯见到，问庆：“做得这么好，你一定有什么秘诀吧？”

庆回答道：“我不过是一个手艺人，哪里有什么秘诀啊！不过，倒是有一点，我与别人不同。那就是我每次做木架之前，都会养精蓄锐，通过斋戒把心静下来。斋戒三天，就不会再想讨赏的事情。斋戒五天，就无心于是非赞誉。不担心做坏了遭人非议，也不在乎做得精巧被人赞叹。斋戒七天，我就忘记了自己还有手脚。这个时候，就连朝廷我都不放在心上，只是一门心思地专注于木架的构思，而不受外界的任何干扰。达到这个状态，我就走近山林，观察自然界鸟兽的情状，心中有了鸟兽的模样，然后就动手雕刻。以天合天，心性自然。所以，我做的木架才会如鬼斧神工。若说有秘诀，就是这样吧。”

这个故事可以给人很大的启发，尤其是在做事的时候，如何调整自己的心态这个方面，梓庆起了一个良好的示范作用。注意他说的“齐”是“斋戒”的意思。他为什么要斋戒，以及斋戒过程中的心理变化，都是颇为重要的信息。

从中可以看出，在做一件大事之前，尤其需要良好的心理准备。首先，心气不能浮躁，否则难以成事。所以，梓庆通过持斋的方式，使自己达到静心、清心的状态，如此，更有超常发挥的可能。这与佛教的“置心一处”是同样的道理。海云继梦法师在《心法》中教导如何“置心一处”。首先，要把那一处找出来，然后再把心找出来，最后把心放好在那一处。每一步说起来都是如此轻易，但是，想要做到，却不容易，最难的就是“把心放好”。说得通俗一些，就是我们在做事的时候总是走神，一不小心，心就跑到别的地方去了。怎么办呢？海云继梦法师说：“那就赶快把心抓回来呀！让心和‘那一处’结合在一起，这就是修行，真功夫就在这里啊！”

5. 操舟若神

原文：颜渊问仲尼曰：“吾尝济乎觞深之渊，津人操舟若神。吾问焉，曰：‘操舟可学邪？’曰：‘可。善游者数能。若乃夫没人，则未尝见舟而便操之也。’吾问焉而不吾告，敢问何谓也？”仲尼曰：“善游者数能，忘水也。若乃夫没人之未尝见舟而便操之也，彼视渊若陵，视舟之覆，犹其车却也。覆却万方陈乎前而不得入其舍，恶往而不暇！以瓦注者巧，以钩注者惮，以黄金注者惛。其巧一也，而有所矜，则重外也。凡外重者内拙。”（《达生第十九》）

解读：原文的大意是，颜渊问孔子：“我曾经乘船横渡觞深之渊，看到一个船夫撑船的技巧十分高明，简直如有神助。我就问他，‘撑船容易学吗？’船夫回答说：‘容易。擅长游泳的人很快就能学会。’我再问他为什么，他就不再跟我说话了。现在，我想请教老师，这是怎么回事呢？”孔子说：“擅长游泳的人很快就能学会，那是因为他熟悉水性，不把水放在心上，以致他的眼前也无水。所以，百丈深渊在他看来也不过是山丘而已，觉得翻船就像倒车一样，一点也不觉得危险。挫折出现在他的眼前都毫不在乎，心里若无其事，如此一来，到哪儿里都闲暇自在。你看赌徒，以瓦片下注，输了也不过是损失几个瓦片而已，所以下得轻巧。而那些以银锭下注的人，心里就会有些害怕。若是以黄金下注，就心神不宁，因为他害怕输掉贵重的东西，所以态度拘谨，放不开手脚。这时，看重外物，患得患失的心理，就会使内心变得笨拙。

这也是非常重要的一个故事。看来，《达生篇》里的重要故事还真不少，值得大家仔细研读。首先，有必要解释一下“达生”的意思。有学者说，这一篇也是在讲养生的，但是它与《养生主》不同。我认为，这一篇的关键应该在“达”字，“达”应有通达、豁达、明达之意。上述的“梓庆削木”和“操舟若神”都教人把名利看淡，排除心中的杂念，行心斋，才能够有神功。今人常说某某达人，即在某方面比较出众的人。古今之涵义结合起来理解，会拓展我们对于此词的理解，以助成为一个真正的“达人”，除了出色、炫技之外，还要明达、通达。

第七章　悲情世界——《淮南子》

《淮南子》，原名《淮南鸿烈》，又名《刘安子》，成书于西汉年间，是由西汉王族淮南王刘安“招致宾客方士数千人”共同撰写而成的。它继承了《吕氏春秋》似的百科全书式编撰体例，全书多达十几万字，杂糅了各家的学说。因此，关于《淮南子》到底属于哪个学派，历来学者争论不休。有人说它属于杂家，有人说它属于道家，也有人持儒道融合说。之所以会产生这些争议，一方面是由于《淮南子》的撰写方式导致了其内容方面的庞杂，另外一方面，则是该书并非出于一人之手，所以，难免有前后抵触的现象。总之，无论是持哪一种看法，道家学说在《淮南子》中占有比较突出的地位是毋庸置疑的。

第一节 二世含冤

从《淮南子》的主要撰写人刘安的生平来看。他生于公元前 179 年，卒于公元前 122 年。因为他是非自然死亡的，所以寿命比较短，终年才 43 岁。在《史记·淮南王衡山列传》中，提到了一些关于淮南王刘安的身世故事。我们可以得知，淮南王刘安为刘邦的后代，其父刘长是刘邦的儿子。刘安自幼天性好静，喜好读书弹琴，不像其他贵族一样钟情于射箭骑马。但他的身世较为复杂，一方面，刘安身为诸侯王，既想为百姓做好事，留名于千古。另一方面，他的祖母和父亲都是含冤而死的，以致人们都怀疑他要反叛朝廷。《史记》中就详细地记载了他如何想要谋反，以及如何被亲朋告发，最终自刎而死的经过。

但是，著名学者徐复观提出了不一样的看法，他认为“刘安在帝室中是‘二世含冤’的一系，他的‘谋反’实际上是朝廷的诬陷。”所谓“二世含冤”指的是刘安和刘长父子二人都被诬为“谋反”而死于非命。

先说刘安的父亲刘长之死。据史料记载，公元前 199 年，即汉高祖八年时，刘邦率兵攻打韩王信，途经赵国。赵王为了讨好刘邦，献了一个美人给他。不久，这位美人怀上了刘邦的孩子。可是，第二年，赵国的宰相贯高等人预谋造反，他们的密谋被朝廷知道了，于是朝廷派人逮捕了贯高和赵王等人，且连累了美人一起入狱。美人称自己怀着龙种，谁知刘邦竟然不予理睬。于是，美人委托弟弟请人转告刘邦的妻子吕后，吕后也不予理睬。于是，美人在狱中生下刘长之后，含愤自杀。

刘邦知道以后，有些后悔，他厚葬了美人，并命妻子吕后收养了刘长，且对刘长也十分器重。高祖十一年的时候，刘长才两岁多，就被封为淮南王。汉文帝刘恒即位的时候，他视刘长为弟弟。刘长那时已是一个成年的小伙，很有才华，但是吕后的溺爱以及皇子的身份使他变得骄恣任性，刘恒都迁就着他。他因为母亲之死而怀恨在心，对吕后并不感恩戴德。但是，以他当时的处境，他无法杀死刘邦和吕后，他把怒气转移到了审食其身上。他认为审食其为解救母亲不够尽心尽力，于是，趁机用铁锥砸死了审食其。刘恒同情他自幼丧母，没有追究这桩命案。但是，这件事情大家都知道了，心底下都觉得刘长过于残忍，对他有几分惧怕，刘长从此失去了人心。

后来，有人在文帝面前告他蓄意谋反，文帝见刘长已势单力薄，便废了他的淮南王身份，将他放逐到了蜀地。最终，刘长在路上不食而死。徐复观认为，“刘长的‘谋反’实际上是一个冤狱”，因他失了人心，才遭此陷害。

刘长生有四子，刘安是长子。刘长死时，刘安才6岁。文帝十六年的时候，刘安被封为淮南王。刘安的身世，使得他内心压抑痛苦。不久以后，汉武帝即位，政治环境更加“严峻深迫”，所以刘安内心的恐惧、忧患之情更加深重。他想要取信于汉武帝，于是将自己编撰的治国方略献给了武帝，也就是这本《淮南子》。所以，有人说《淮南子》虽然主要宣扬道家思想，但是成书的初衷却是为了辅佐治国。于是，有人称其为“工具型道家”也有一定道理。

刘安的特殊身份，使出世与入世在他身上的矛盾更加激烈，所以，后世才会有学者认为《淮南子》一书儒道融合。如果刘安属纯粹的道家，恐怕没人相信他会谋反。正是因为其思想驳杂，他到底有没有谋反，就不好说，也难以考证。

虽然《史记》有“不虚美，不隐恶”的传统。但是，有的学者告诫我们，不能因此而尽信《史记》。徐复观认为《史记》中有许多隐约之言，“为了不冒犯权势者的忌讳而引起阻挠和灾祸，司马迁以微言的书法暗示历史的真实”。而这种微言书法的具体操作是“有意造成一种前后文的矛盾产生，令人读而生疑，以达到披露隐情的目的”。这一招实在高明。所以，徐复观据此推断，《史记》中记载的刘安造反，实际上是以微言令人生疑，暗示真相并非如此，刘安实为遭人构陷，冤屈而死。如此一来，“二世含冤”的说法便也成立了。

我们且不论这种推断是否百分之百正确，总之，刘安一生郁郁不得志，却是事实。有人专门写了一篇文章，叫做《淮南子的悲情》。那是一个悲情的时代，也是一个悲情的人物。刘安本身才华出众，汉武帝欣赏其才华，但是却“爱而秘之”，刘安一生没有得到重用。他作了《离骚传》，表明自己“忠而被谤，信而见疑”的处境。他的门下聚集了一些同样不得志于朝廷的宾客，由于处境之危，压迫之深，刘安及其门客对精神上的自由解放要求更甚。他们亲近《庄子》，《淮南子》一书中就有许多源自《庄子》的相同观念。而且，刘安还著有《庄子略要》《庄子后解》二书，可见其对《庄子》的喜爱。

可惜的是，刘安出身名门，反受其害。他无法像庄子一样，虽处陋巷，但是逍遥自在，终身不仕。他在《屏风赋》一书中，处处流露出怀才不遇，自怜自伤的情愫。其中有句“不逢仁人，永为枯木”。可见他对外界仍然抱着期望。这是他与庄子不大相同的地方，也是刘安的不大彻底之处，亦是悲情之所在。庄周是梦为蝴蝶，刘安却让山中的乔木，梦为君主的屏风，借屏风之口，叙述自己幸遇明主的喜悦，盛赞明主的圣贤之德，表达乔木由无人问津的幽谷迁至宫廷的愿望。然而“巧佞在前兮，贤者灭息”，他如其所撰写的《离骚传》的主人一样生不逢时，壮志难酬。传说他自刎而死，这也有悖于道家精神。再次见出其思想的庞杂。他的特点，也就铸成了《淮南子》的特点。

第二节　牢笼天地，博极古今

《淮南子》是汉初道家思想的集大成者。全书以黄老思想为立论的起点，调和了儒家、墨家、法家等思想，力图为汉初的统治者提供一个治国的方略。可见，这本书与传统道家在功能上已有所不同，老子所宣扬的形而上的“道”，在这本书中走向了“形而下”，淮南子刘安关注的也不是庄子那样的逍遥自在，他更加执念于人生，执念于现实。但是，作为个体精神被压抑、被束缚之后的需要，他倾慕道家思想的超尘自由，这就构成了《淮南子》一书比较庞杂而矛盾的一面。从正面意义上来说，刘文典夸奖此书“淮南王书博极古今，总统仁义，牢笼天地”。

淮南王的贡献也在于，他是在这么一个广阔的视角之下，将形而上与形而下结合在一起，在人间架设通向天堂的梯子。当身处在这个梯子上时，可以根据个人的需要，自由调节位置。就看你是想离天堂更近一些，还是离人间更近一些。

他不像老子和庄子一样，是飘飘然的像风一样的男子，可以说，刘安想飘也难飘起来。他的身世太沉重了，母亲死在狱中，父亲被陷害，自己虽为诸侯王，但是又受到朝廷的怀疑。他的内心是如何的不安，也正是因为这种不安，使得他上下求索，想要求得一条既能安顿自己的身心，又能治理国家的方法。《淮南子》就是这种思想的结晶了。

他改良了老子过于玄妙的道家思想，并不恪守“无为而治”。《淮南子》承认天道是无为，但人毕竟不是天，完全顺应自然而无为，实在是难以做到。起码对大部分人来说，是连想都不敢想的。《淮南子》认为，人可以做许多事情，反对老庄的彻底无为，形同枯槁。《淮南子》的枯槁是有前提的，那就是“不遇仁人，永为枯木”，那么，一旦遇到仁人了，比如朝廷的君主重用他了，他一定会喜上眉梢，暂时忘却羽化而登仙的事情，就在人间做好自己的事情，也是一件乐事。他非常赞赏积极有为、经邦济世的贤君。甚至觉得人要做事，就要像水向东流一样自然。认为过分地听任自然，则庄稼长不好，鲧禹之功也不会流传下来。所以，他的无为与有为都是视情况而定。

他使“道”不再是远离物的抽象存在，甚至在有些方面非常接近儒家。比如，它发挥了先秦儒家“仁者爱人”的思想，他认为，了解万物而不了解人性以及人类的道德，实在是可惜。他在《主术训》中说：“国之所以存者，仁义是也。”爱万物而不能爱人，就不能说是真正的“仁”，遍知万物而不知道人，则不是真正的智。可见，淮南王及其门人除了学习前人思想之外，还有作为一个优秀的学人必备的怀疑精神。他在道家、儒家的基础上，都有进一步地发展。仍然是以人为本，以民为本，反对君主专制，认为君主的权力是百姓所赋予的，水能载舟，所以希望统治者施行仁政、德政。它还强调人自身的修养，这也与儒家的君子求诸已是相近的。可见，《淮南子》是有意地吸收了先秦儒学中的思想因素，对传统的黄老哲学做了一个纠偏。而且，它能够发现新的角度切入进去进行阐述，这也是《淮南子》的贡献之一。

其次，《淮南子》还主张依法治国，它反对人治，反对寻古守旧。他的法制也是继承了前人的观点，并且有所创新。他发挥了商鞅和韩非子的思想，强调政治法令的变革，当以百姓的利益为出发点。他把法治看成是不得已而为之的下策。他还在法治中掺入了许多道家的思想，认为嗜好和欲望使人性乱之，社会也是乱象纷呈，这些才是立法的直接原因。而上古的初民淳朴善良，根本就不需要法治，那时人们就可以自在无为，亲近自然。此外，书中还多次引用了《战国策》里的句子，《战国策》是战国时期游说之士的言辞策论。总之，经世致用的意图十分明显。

综上所述，难怪历来有学者对于《淮南子》属于哪家有极大的争议。亦可看出淮南王之用心，他想要借世上所有的智慧来解决自己的问题。这是一个带着问题上路，然后结合自己的所思，在前人成就的基础上有所发展，有所创造的人。

除此之外，作为哲学著作的重要内容之一，就是关于人生意义的探索。人生意义，是许多哲学家都要解决的问题。过去，儒家提出过性善论和性恶论。而《淮南子》提出了性静论。《淮南子》认为人性本来是安静的，但是贪嗔痴等欲念破坏了人性的宁静。所以，“清净恬愉”是《淮南子》理想的人性追求。似乎可以看出，《淮南子》是把做事和做人分开的。做事的时候就讲究积极入世，而做人的时候则讲究做“真人”，做善人，做一个内心清净，神态愉悦的人。大概也就是我们后世所说的，用出世的心态做入世的事情，在这方面，《淮南子》应该算是领先了。

第三节 原著选读：奇物异类，鬼怪神灵

《淮南子》里保留了许多古代神话传说。我国古代四大神话：女娲补天、共工怒触不周山、后羿射日和嫦娥奔月都保存在《淮南子》中，其文献价值亦功不可没。我们从神话中，可以看出其中隐喻的真实的历史信息，对于我们了解过去的时代有参考价值。此外，《淮南子》中保留的神话还有一些特殊的地方，如其将神话“仙话化”“哲学化”或“历史化”等。除了神话故事以

外，《淮南子》中还记载了大量的民间历史故事和成语故事。安徽省《淮南子》研究会副会长，淮南市文联专业作家金妤女士专门编写了一本书，就叫做《淮南子故事》，书中介绍了《淮南子》中的186个故事，以及63句格言警句。由于篇幅有限，本章节在此只介绍5个《淮南子》中的故事。

1. **共工怒触不周山**

原文：昔共工之力，触不周之山，使地东南倾。与高辛争为帝，遂潜于渊，宗族残灭，继嗣绝祀。越王翳逃山穴，越人熏而出之，遂不得已。由此观之，得在时，不在争；治在道，不在圣。土处下，不在高，故安而不危；水下流，不争先，故疾而不迟。（《卷一·原道训》）

解读：原文的大意是，过去，一个叫做共工的人，力大无比，他一气之下，撞断了不周之山，使山朝东南方向倾斜了。他和高辛争夺帝位，失败后藏在海里，宗族也遭到残灭，后代都绝种了。而战国时代的太子翳却为了逃避王位，躲在了山洞里面。越国的百姓用烟将他熏了出来，他才不得已继承了帝位。由此看来，想要获得某件东西，争也没用，关键在于时机是否正确。而事情的成功治理，不在人为周密的计划，而在合乎天理。土在下方，不在高处，所以安全。水往下流，并不争先，所以疾快而不迟缓。这就是将神话故事哲理化的一个典型。

2. **楚人烹猴**

原文：楚人有烹猴而召其邻人，以为狗羹也，而甘之。后闻其猴也，据地而吐之，尽写其食。此未始知味者也。邯郸师有出新曲者，讬之李奇，诸人皆争学之。后知其非也，而皆弃其曲，

此未始知音者也。鄙人有得玉璞者，喜其状，以为宝而藏之。以示人，人以为石也，因而弃之。此未始知玉者也。故有符于中，则贵是而同今古；无以听其说，则所从来者远而贵之耳。此和氏之所以泣血于荆山之下。(《卷十九·修务训》)

解读：原文的大意是楚国有一个人煮了一只猴子，招待他的邻居。邻居以为这是狗肉，便很高兴地吃了起来，并且觉得味道十分鲜美。吃完之后，才听主人说这是猴肉，这位邻人便双手撑在地上，呕吐了起来，把肚子里的猴肉都吐光了。这说明这位邻人一开始根本就不懂得品尝美味，只是以为是狗肉，便觉得好吃。犯了由主观蒙蔽客观的错误。无独有偶，邯郸有一个人，谱写了一首新曲，故意说是古时的一位名作曲者李奇所写，于是，许多人就争相传唱。后来，当人们知道这首歌不是李奇写的，他们就不再唱这首歌。这也说明那些跟风的歌者并不懂得什么是真正的美好的音乐。另外，还有一个乡下人，偶然获得一块没有经过雕琢的宝石。他见到这块石头非常美丽，便以为是件宝贝，遂把它收藏起来。有一天，他把这块石头拿给别人观看，有人说这不过是一块普通的石头，这个乡下人信以为真，就把宝石给扔了。这也说明，这个乡下人并不懂得什么是真正的宝石。而且，非常可惜的是，他没有坚持自己的看法，把一件宝贝给丢弃了。

这些故事给人的启发意义可以说是非常大的。我们现在也会遇到这种情况，即容易受到他人的影响，尤其是广告里的虚假宣传或名人效应等事物，蒙蔽了我们的眼力，常把不好的东西当做好的。缺乏自己的真正的鉴赏力、发现力。这样一来，容易随波逐流，丧失自己的判断。

此外，那个乡下人的故事也意味深长。有时，我们自身有些东西本来是好的。比如你很聪明，或你的眼睛长得很好看。但有时，你不免要遭到非议，有人说你没有那么聪明，有人说你也没有那么好看。这个时候，如果内心不够强大的人，或者缺乏判断能力的人，就会听信他人的判断，给自己负面的心理暗示。久而久之，就会觉得自己不聪明，自己不好看，从而使得原本美好的东西变得黯然失色，这是一件非常可惜的事情，比楚人烹猴还要可惜。所以，自己有一些美质，要有充分的自信去展示。自己的东西，自己要爱惜，不要受他人的影响。

3. **东家母死**

原文：东家母死，其子哭之不哀，西家子见之，归谓其母曰："社何爱速死，吾必悲哭社！"夫欲其母之死者，虽死亦不能悲哭矣。谓学不暇者，虽暇亦不能学矣。(《卷十六·说山训》)

解读：原文的大意是，东边有一个人家，母亲死了，儿子虽然在哭，但感觉其内心不是很悲痛。西边有一个人家里的儿子，见到这种情况，回家就对自己的母亲说："母亲，如果有一天您突然间去世了，我一定会为您非常悲痛地哭泣。"母亲听了一定哭笑不得吧，儿子口出此言，到底是孝还是不孝呢？《淮南子》认为，想要自己的母亲速死的人，倘若母亲真的死了，他是哭不出来的，更别说悲痛了。由此及彼，学习也是同样的道理。一直说没有时间学习的人，即使有了时间，也不会好好学习的。

我以为那位"西家子"内心也许是真的孝顺，只是向母亲表达孝心的方式有点不大恰当，旁人听了也疑心这个儿子心术不正。尤其是在古代，长辈与晚辈之间的等级秩序是十分严明的，直至20

世纪初，还有一些大家庭里，晚辈每日要向长辈行礼、请安。五四新文学中有许多挑战封建家长制的作品。由此可见，那位“西家子”犯了大忌。这话要是放到今天来说，也许不算太大的事情。父母比较开明，也会懂得儿子的意思。所以，我不把这个故事当做不孝的例子，而是当做说话失败的例子，无论跟什么人说话，都要看当时的语境，合理选择自己的言辞，方能避免这种误会与尴尬。

同样，嚷嚷着自己很忙，没有时间学习的人，倒是应该自我检讨一下。不妨学学鲁迅先生，说是也很忙，只是把别人喝咖啡的时间节省下来，用来学习罢了。时间就像海绵里的水，挤总是能挤一点出来的。说自己没时间，实在是对自己宽松了一些。

4. 畏死忘生

原文：事或欲之，适足以失之；或避之，适足以就之。楚人有乘船而遇大风者，波至而自投于水。非不贪生而畏死也，惑于恐死而反忘生也。故人之嗜欲，亦犹此也。齐人有盗金者，当市繁之时，至掇而走。勒问其故，曰：“而盗金于市中，何也?”对曰：“吾不见人，徒见金耳。”志所欲，则忘其为矣。是故圣人审动静之变，而适受与之度，理好憎之情，和喜怒之节。夫动静得，则患弗过也；受与适，则罪弗累也；好憎理，则忧弗近也；喜怒节，则怨弗犯也。故达道之人，不苟得，不让福，其有弗弃，非其有弗索，常满而不溢，恒虚而易足。今夫霤水足以溢壶榼，而江河不能实漏卮。故人心犹是也。自当以道术度量，食充虚，衣御寒，则足以养七尺之形矣。若无道术度量而以自俭约，则万乘之势不足以为尊，天下之富不足以为乐矣。孙叔敖三去令尹而无忧色，爵禄不能累也。荆佽非两蛟夹绕其船而志不动，怪物不能惊也。圣人心平志

易，精神内守，物莫足以惑之。（《卷十三·氾论训》）

解读：事情有时就是这样，你本来渴望得到它，但是，偏偏就因此而失去了它；有时，你不想遇见它，但是，它却偏偏来到了你的面前。就像楚国有一个人，他在坐船渡河时，遇见了大风，河水被风吹得翻滚了起来，河面波涛汹涌，这个楚人心里非常害怕，他担心会翻船，或被巨浪打下船去，于是，他竟然自己跳进了河里。你以为这个楚人不贪生怕死吗？那就错了。其实，他是对死亡过分恐惧，所以，才一时忘了要怎么活命。只想着逃避丧生的可能，却没有想到，自己的行为也十分危险。同理，人对某种东西的嗜好也会造成这种后果。过去，有一个偷金子的齐国人，他在繁华热闹的街市，看到金子就伸手去拿，被捉住以后，别人问他："你也太大胆了吧？竟敢在大庭广众之下偷金子？"那个齐国人回答说："我没有看到人啊，我只看到了金子。"

故事讲到这里，后面又是作者的一番论说。作者认为，如果脑子里装的都是自己想要的东西，当受到恐惧或诱惑时，就容易忘记自己正在做的事情是否恰当，这样的人，就跟投水的楚人和偷金的齐人没有什么两样。所以，想要当圣人，可不能畏死忘生，那会闹笑话的，而且白白地搭上一条性命，岂非可惜？如何能够避免这种情况发生在自己身上呢？我们平时就得注意，学会观察动与静之间的变化，在付出与收获之间掌握一个合适的分寸，理顺爱与憎的情感，调和喜与怒的情绪，使之有节制。因为，如果动静得当的话，灾祸就不会降临。如果付出与收获的比例适当，那么，麻烦就不会来纠缠。如果理顺了爱憎，内心就不会产生忧虑。如果懂得节制喜怒哀乐，就不容易招惹他人的怨恨。

所以，通达于“道”的人，是不会随随便便从别处捞取好处的，当然，也不会无缘无故地拒绝自己应得的福利。属于自己应得的就不要放弃，不属于自己应得的就不要索取。如此一来，就可以保证充实，但不溢出，内心虚空，容易满足。因为人一旦有了满足感，即使从屋檐漏下来的水也足以装满盆盂酒壶；而如果内心没有满足感，即使是江河湖海的水也不足以装满盆盂酒壶，这就是人心。

所以，人应该自觉地用“道”来衡量自己的言行。吃饱穿暖就足以养活我们的七尺之躯。相反，如果不用“道”来衡量、约束自己，那么即使拥有万乘之国，仍嫌不够尊贵。即使获得天下所有的财富，也不会感到高兴。我们要像孙叔敖学习，他三次失去令尹的官职，脸上都没有现出忧伤的表情，这是因为他懂得“道”，所以，外物拖累不了他。荆佽非有一次坐船时，遇到两条蛟龙缠绕在他所坐的船上，他却神情淡定，这是因为怪物吓不倒他。所以，圣人常常是心智平和，精神内守，外物都不能迷惑他的心志。

后来，作者又举了几个例子。其中有一个喝醉了酒的人，他走进城门，竟以为走进了房门。他渡过长江，竟以为只是跨过了一条小水沟。胆小的人，晚上看到立着的圭表，就以为是鬼。看见地上躺着的石头，竟以为是老虎。他们要么神志不清，要么内心怀有恐惧。印度最卓越、最伟大的灵性导师克里希那穆提曾说：人的内心一旦有了恐惧，他的智慧就丧失了。

5. 积羽沉舟

原文：君子不谓小善不足为也而舍之，小善积而为大善；不谓小不善为无伤也而为之，小不善积而为大不善。是故积羽沉

舟，群轻折轴。故君子禁于微。壹快不足以成善，积快而为德；壹恨不足以成非，积恨而成怨。故三代之称，千岁之积誉也；桀、纣之谤，千岁之积毁也。（《卷十·缪称训》）

解读：原文的大意是，君子不要以为小善不值得去做，而舍弃它。要知道小善积累起来可以变成大善；也不要以为做点小坏事无伤大碍，因为小不善积累起来也可能成为大不善。所以说，即使是羽毛，把它们堆积起来，达到一定的分量，也能够把船压沉，即使是很轻的东西，累积起来放在车上，也能够将车轴压断。所以，君子是绝对不允许自己做微小的坏事的，这也就是我们平时常说的君子谨戒于细节之处。同理，做一件令人愉快的好事还不足以称为美德，只有坚持不懈地做好事，年深日久就能形成美好的品德；做一件令人悔恨的坏事还不足以败坏道德，但是，如果经常做坏事就会变成恶棍。所以夏禹、商汤、周文王、周武王的美德善政，受到了后人的称赞，留下千秋美名。而夏桀、纣王的恶行暴政，则遭到了后世的唾骂，遗臭万年。

“积羽沉舟”在我看来是一个非常美丽的成语。首先，羽毛是白色而轻盈的，轻舟浮在水面上，整个感觉非常的轻松、洁净。随着羽毛纷纷地落下，船舷边的吃水线越来越高，谁也没有想到，轻盈的羽毛能将船只沉入水底。我们可以设想，有两个人打赌。我用羽毛打翻你的船，信不信？对方肯定会说：不信。好，那就试试。于是羽毛不停地加码，那个说“不信”的人，心也随着船一起往下沉。人们总是这样，容易忽略微小的事物。就像我们容易高估一年能做的事情，却低估一天之内能做的事情。积羽沉舟，这个美丽的意象，同时富含了深刻的道理，是可以受用终生的。

第四部分　争奇斗妍的景象：杂家

中国古代的文化，相对西方文化来说，是比较早熟的。这从中西方神话的差异上可以看出。中西方神话里都有许多神仙英雄，或奇物异类，但是，中国神话里的英雄人物几乎是没有缺点的，而且都有献身精神。他们总是不辞辛苦，甚至不惜用性命去追求心中的理想。古希腊神话的一大特点就是“神人同形同性”，也就是说，古希腊神话里的神仙跟人不但长得一样，连性格都一样。古希腊神话中竟然还有“不和女神”，名叫厄里斯。这要是放在我国神话中应该会被说成为“不和女妖”，难以获得神的地位。

我国神话很早就显示出高度的道德自觉和礼乐秩序。庄子就曾说过：古代的人考虑得真是周全啊。他们配合神明，取法天地，致力于抚育万物，和谐天下，恩泽百姓，六合通达而四时顺畅，事情无论大小、精粗，他们的作用都无所不在。古代的法规制度，很多都保存在历史文献之中。这些历史文献散布于天下，百家之学还常常引用它。

然而，随着周王室的衰微，这些典籍被人们渐渐地遗忘，其影响不再，礼崩乐坏。这时，有识之士便竞相提出解决方案。他们笃信自己的学说，希望自己的言论能够引导天下。当时，表现得较为优秀的有六家，他们分别是：儒家、道家、墨家、法家、名家、阴阳家。这也是中国古代的六个哲学流派。其中，儒道两家后来成为我国思想界的主流，加上东汉初年传入中国的佛教，后世将此三教并称为儒释道。

除了以上“六家”“三教”的说法之外，还有“九流”的说法。据《汉书·艺文志》记载，“九流”是指：儒家、道家、阴阳家、法家、名家、墨家、纵横家、杂家、农家。这和我们现在常说的“三教九流”的含义大不一样。我们回到最初的“九流”含义上来。在最初的“九流”中，其中有六个是哲学流派，其他三个则不属于哲学流派。那么，这六个哲学流派中，我们已经用很大的篇幅介绍了儒家和道家，因为它们是我国传统文化的主体。然而，除此之外，剩下的几家，同样也值得我们关注。

首先介绍一下阴阳家。阴阳二字常在《易经》正文的后面出现，它是理解宇宙的来源和结构的一种思想路线。《史记》把注重五行的《洪范》和《月令》，与《易传》归拢在一起，统称为阴阳家。《洪范》中提出了“五行”观念，《月令》是告诉大家每个月应该做什么，不应该做什么的一本书。

其次，墨家曾经一度在战国时期十分显赫。孟子有云“墨翟之言盈天下”，荀子感慨“礼乐灭息，圣人隐伏，墨术行”，韩非子总结“世之显学，儒、墨也”。所谓“显学”，是指“与现实联系密切，引起社会广泛关注的学问”，可见，墨家曾经有很高的地位，与儒家并列，甚至胜过儒家。原因何在？墨子更讲究方法，而孔门则更加注重理想。也就是说，墨家解决的是“我要怎么做”的问题，而孔门关注的是“这个世界应该怎样”的问题。所以，墨子的学说操作起来更加方便，而且比当时的孔门学说更加灵活，懂得“识时务”，随物赋形，不像当时的儒家强行推销自己的礼乐观念，让别人来接受自己，而不是去适应别人。

墨家更加讲究策略。孔门说天命不可知而心怀敬畏，墨家则认为天命可知而顺应天命、把命运掌握在自己的手里。所以，在当时墨家能够成为“显学”也是理所当然。墨家学说的一个首要而突出的目的就是“治乱”，针对性过强，所以适用范围就小，对后世的影响也相对小些。由于儒家逐渐成为主流，墨家被迫退居支流、潜流。体现在司马迁的《史记》中，对墨子的生平记载很少。

战国末期，法家思想开始流行起来，以韩非子为代表人物，他是荀子的学生，却能够自立一派。在当时的国情之下，法家思想不讲理想，而侧重手段和效用，学者们为君王出谋划策，告诉君王们该怎样统治国家，怎样把权力集中到自己手里，最终竟帮助秦始皇统一了天下。法家也讲究创新，韩非子借用“守株待兔”的故事告诉大家，只有傻子才不知道事物会变化。既然兔子不会总在一棵树上撞死，那么，我们也不能总是守在一棵树旁。

韩非子提出要用法律和刑罚来治理百姓。但是，也由于其过于严酷，不讲人情，所以，秦朝不久就灭亡了。在治理国家方面，法家既有功劳，也有过失。法家的哲学到后世无法持久地吸引人才，最终黯淡了下去。

此外，“九流”之中还有一个“名家”，这个“名家”可不是我们今天所理解的有名的专家。其实，这个“名家”不大有名，称之为名家，是因为他们喜好讨论“名实关系”，比如，“这是一本书”中的“这”是“实”，而“书”则是“名”。再比如“白马非马”中，“白马”是“实”，“马”是“名”，名家认为，白马的范围小于马，所以名实不符，于是，得出结论：白马不是马。有人把以上论说方式称作“诡辩”，所以，在英文里，“名家”被译作“逻辑家”或“辩证法家”。由于他们总是说一些似是而非的话，故意跟人唱反调，所以当时有一定的名声。不过，由于他们的学说对现实人生没有任何实际帮助，慢慢地也就被人们给遗忘了，实际上，有学者认为，名家没有受到应有的重视。

第八章 平民哲学家——《墨子》

如上述中所说，儒墨作为当时两大主要的思想流派，他们相互之间难免有些相互矛盾。据侯外庐先生《中国思想通史》考证：“孔墨二家学术主潮通过了战国、秦、汉之际，是非相攻，没有间断。”冯友兰在《中国哲学简史》就认为墨子是“孔子的第一个反对者”。起码，从表面上看来墨家是反“孔”的。

墨子，又名墨翟，是墨家学派的创始人，他的弟子自称“墨者”，后来汉代学者称他们为“墨家”。《墨子》是墨子的弟子及其再传弟子对墨子的言行的记录，是墨家学派重要的知识遗产。

第一节 第一个反“孔”的人

在《墨子·公孟篇》中有两处提及孔子。公孟子是孔子的再传弟子，又名公孟子高，或公明高。他问墨子：“昔者圣王之列也，上圣立为天子，其次立为卿、大夫。今孔子博于《诗》《书》，察于礼乐，详于万物，若使孔子当圣王，则岂不以孔子为天子哉？”意思是从前圣王安排位次，将道德智能高尚的上圣立为天子，稍次的立为卿大夫。如今孔子精通《诗》《书》，明察礼乐制度，懂得天下万物。称得上是智德高尚的上圣，难道不可以作天子吗？

墨子回答说：“夫知者，必尊天事鬼，爱人节用，合焉为知矣。今子曰：孔子博于《诗》《书》，察于礼乐，详于万物，而曰可以为天子。是数人之齿而以为富。”可见，墨子不大同意立孔子为天子，因为他认为真正的智者，一定是尊重上天，对鬼神怀有敬畏之心的。而且不像儒家那样讲究厚葬，而是爱民节用，合乎这些要求，才算是智者。你说孔子有广博的知识，没错。但是孔子却不信奉鬼神，也不懂得节约，墨子认为就这点而言他就算不上是真正的智者。

但是，也有学者提出不同的意见，如唐代的韩愈指出墨子“未尝非孔”，有人认为，墨子反对的是儒家后学，而不是针对孔子本人。因为，孔子虽然是儒学的创始人，但是，孔子并不等于全部的儒学。侯外庐先生还指出，儒家后学当中，除了荀子之外，“其余各派均已失去了孔学的优良传统”。所以，墨家到底是反对孔子，还是反对儒家后学，应该在墨家代表作《墨子》当中小心辨别。

《墨子》中，墨翟直接谈论孔子的文字仅有三处。其中一处见于《耕柱》篇，文中提到叶公子高问孔子怎样治理国家。孔子说：“善为政者，远者近之，而旧者新之。”墨子认为孔子的回答大而无当，太考验人的悟性，没有针对性，叶公子高听完可能仍然不知道如何为政。但是，墨子只是指出了孔子方法上的不当，对孔子的“善政即行仁义”思想本身并没有异议。说墨子是孔子的第一个反对者的冯友兰先生，也说在这一点上“墨子在原则上是赞同孔子的，没有反对的意思”。

此外，《墨子·公孟篇》中还提到墨子与儒生程子的辩论。墨子在辩论过程中引用了孔子的观点。程子便问他：“你既然非儒，为何又引用孔子的话呢？”墨子回答说：“孔子的这些主张是合理而不可改变的。”可见墨子对孔子的态度不是一味地反对，而是有甄别，有区分，就事论事，心存正义。

墨子出身贫寒，他自称“北方之鄙人”，少年时期学过木工，做过牧童，在这一点上和孔子倒是有些相像。墨子一开始学习的也是儒学，只是后来对儒家的繁文缛节感到有些厌烦。他认为儒者提倡的厚葬属于资源浪费，会使人民陷于贫穷。而儒者规定的服丧三年也属于浪费生命，最关键的是，它会妨碍人们去做正事。所以，他放弃了儒学，开始独立思考，并且自创墨家学派。

不过，墨子倒还是有些魅力。他振臂一呼，不说应者云集，也不在少数。而且，随着时间的推移，到了孟子的那个年代，墨家大有压倒儒家之势，导致孟子骂墨子为叛徒。据说，墨子面色黝黑，常常穿着草鞋游走于列国。山东滕州火车站有一座墨子雕像，就是穿着草鞋的，这在诸子百家当中还是比较特别的。除此之外，墨者都是随身佩有佩剑，跟随墨子的有百八十人，个个都能赴汤蹈火，随时都可以为了正义和理想拔刀相向，这与宽袍长袖的儒家子弟形象大大地不同。

墨子也十分具有游侠精神，曾经奔赴千里，为人解难，制止了一场国家之间的战争。有一个成语叫做“墨突不黔”，说的就是墨子东奔西走，十分繁忙的样子。墨子出生于公元前5世纪左右，当时的中国还没有统一，由许多诸侯国组成。所以，各个诸侯国之间的竞争意识也很强烈。当时，比较强大的楚国还研制了新式武器“云梯”，主要是用来攻打敌国的城门，他们打算用实力较弱的国家齐国来试试武器的威力。相传墨子是鲁国人，但也有人说他是齐国人。总之，他当过齐国的大官，这一点是肯定的。所以，他听闻这个消息之后，便千里迢迢奔赴到楚国，想要阻止这场战争。他先找到了研制云梯的公输班，也不直说来意，故意问公输班：“有人要欺负我，我给你钱，你帮我对付他，可否？”公输班说：“我是讲道义的，才不会为了钱而去害人。”这个回答正中墨子下怀，墨子便说：“那楚国本来就比齐国强大，恃强凌弱，这是非正义战争。你口口声声说不会害人，可是战争一旦打起来，不知会害多少人。”公输班被问得哑口无言。只好推说："攻打齐国不是我的主意，那是楚王的主意。"

于是，墨子就去见楚王。他也不直说战争之事，而故意问楚王："我听说有人自己有漂亮的房子不住，偏要去争别人的茅屋。还有的人自己有豪华的轿车，却要去偷邻居的破车，楚王你认为这种人怎么样啊？"楚王没有意识到墨子在给自己下套，他立马说道："这个人有病吧。"墨子心中暗笑，但是并不表现出来，接着楚王的话往下说："那么，楚国有广阔的土地，而齐国不过是一个区区小国，楚王何以要攻打齐国呢？"说得楚王内心动摇，最终放弃了攻打齐国的计划。

其实，墨子在许多方面的经历与孔子是相似的，比如少年吃苦，学业有成之后，四处奔走游说。然而在某些方面却又不同，孔子四处奔走游说是为了推销自己，墨子四处奔走游说是为了消弭战争，劝人相爱。孔子活着的时候不得志，死后却受人敬仰，在庙堂上大吃冷猪肉。墨子活着时是反对兼并、消弥战争的救世主，是大家心目中的大师，死后却被国人遗忘。不过，孔子的思想后来也遭到质疑，墨子的思想现在很有重放光彩之势。

墨子也招收门徒，但是，他对待弟子的态度和孔子很不一样。他们有一套严明的组织纪律，规定不能穿长衫，要穿短衣草鞋。而且除了学习之外，还要劳动。他们以吃苦来砥砺自己的意志，以简朴高尚作为自己的追求，堪称战国时期的苦行僧。在《墨子·鲁问》中，墨子提出了十大主张，包括：兼爱、非攻、尚贤、尚同、尊天、事鬼、非乐、非命、节用、节葬。他制定这些主张的原则是因时制宜、因地制宜，用《墨子》中的原话就是“择务而从事”。下面一节我们将具体介绍《墨子》的十大主张，也是墨家思想的主要内容。

第二节 《墨子》的十大主张

墨子认为要治理国家，首先要查出天下大乱的原因，“不知乱之所自起，焉能治之?”于是，墨子经过考察，得出了“当察乱何自起？起自不相爱”的结论。意思是天下祸端频起，是因为人们没有相爱之心。具体表现是：“诸侯不相爱，则必野战；家主不相爱，则必相篡；人与人不相爱，则必相贼；君臣不相爱，则不惠忠；父子不相爱，则不慈孝，兄弟不相爱，则不和调；天下之人皆不相爱，强必执弱，众必劫寡，富必侮贫，贵必傲贱，诈必欺愚。”

诗人奥丹也曾说过：“我们必须互爱，不然还不如死亡。”的确如此，按照马斯洛的需求层次理论来看，相爱、仁慈、同情、尊重以及建立良好的人际关系，是人类生活中重要的部分。而且，你也可以说这是一种责任和义务。于是，墨子提出了“兼爱”的思想，这也是墨子独家发明。

这与孔子所提倡的“仁爱”有什么不同？从表面上来看，孔墨都在讲爱，但是，孔子的“仁爱”是建立在血缘关系、等级制度的基础之上的。他的爱看血缘，分尊卑，有贵贱。总之“爱有差等”。比如，孔子说过：“仁者，人也，亲亲为大。”可见，他把爱自己的亲人看得最为重要，也就是孝悌为仁之本。

墨子所主张的“兼爱”是都爱，所谓都爱，就是大爱、博爱、平等之爱。不分亲疏贵贱，不厚此薄彼，是“爱无差等”，墨子的原话是：“视子弟与臣若其身，视人之室若其室，视人身若其身，视人家若其家，视人国若其国。”这与孟子的“老吾老以及人之老，幼吾幼以及人之幼”有些相似，但是，人家墨子就是把别人放在前面，尽量多从他人的角度着想，他和孟子也还是有差异，他说：“必吾先以事于爱利人之亲，然后人报我以爱利吾亲也。”意思是我一定要先爱别人的亲人，使别人享受到帮助之后，别人再用爱报答我的亲人，使我的亲人也获得帮助。这与孔子的“亲亲为大”是不同的，墨子的“以兼相爱，交相利之法”，具有很浓厚的“奉献在先，享受在后”的色彩。

其次是非攻。《墨子·非攻下》中描绘了一段战争的残酷景象：“入其国家边境，芟刈其禾稼，斩其树木，隳其城郭，以湮其沟池，劲杀其万民，覆其老弱，迁其重器，卒进而柱乎斗……”战争使自然生态遭殃，也使百姓老弱受苦，因此，墨子十分反对战争。“非攻”可以理解成不要攻打他人。具体表现就是：“大不攻小也，强不侮弱也，众不贼寡也，诈不欺愚也，贵不傲贱也，富不骄贫也，壮不夺者也。”非攻与兼爱思想是相连的，所以常放在一起说。也许有人会问，那正义的战争如何？但是，春秋无义战啊。所以，准确地说，“非攻”反对的是不正义的战争。至于人家来攻打你，你发起抗战，是在墨子观点的容许范围之内，因他自己就曾经带人参加过好几次帮人守城的战争。

在兼爱、非攻的大前提之下，便来考虑如何治理国家。首先，人才是关键。所以，墨子提出尚贤、尚同的思想。他说：“夫尚贤者，政之本也”，具体做法是：任人唯贤，任人唯能，不党父兄，不偏贵富，不嬖颜色。那么，贤者的标准是什么呢？墨子举例：“有力者疾以助人，有财者勉以分人，有道者劝以教人，是为贤者。”这样一来，人人只需凭借才能便能参与国事，推动国家的进步。过去，孔子也主张“举贤”，但是孔子并不反对对贵族阶级给予特殊照顾。而且，在孔子看来，平民阶级想要获得机会，必须先掌握以诗、书、礼、乐为代表的贵族文化。所以，墨子较之孔子的尚贤思想更加彻底一些。

然而，墨子“尚同”的思想却遭到非议。《墨子·尚同中》中有这么一段话：“凡闻见善者，必以告其上；闻见不善者，亦必以告其上。上之所是，必亦是之；上之所非，必亦非之。己有善，傍荐之；上有过，规谏之。尚同义其上，而毋有下比之心。上得则赏之，万民闻则誉之。意若闻见善，不以告其上；闻见不善，亦不以告其上。上之所是不能是，上之所非不能非。己有善不能傍荐之；上有过，不能规谏之。下比而非其上者，上得则诛罚之。万民闻则非毁之。”

大意是一切都要服从皇上的旨意，皇上说是就是，皇上说不是就不是。下面的人不能“上有政策，下有对策”，因为皇上在由贤能之人辅佐，所以应该相信皇上。臣子如果听到或看到好的事情，必须报告皇上，如果听到或看到不好的事情，也要报告皇上。如果自己有好的主意，就要献给皇上。但是，如果皇上有过错，也应指出。能够做到这样，就可以得到皇上的赏赐以及广大百姓的称赞。如果没有这样做，就会受到皇上的惩罚，广大百姓的谴责。看上去是想使上下意见统一，全民齐心协力。但是，皇上的权力似乎过大了。所以有人认为墨子的“尚同”思想导致了中央的极权主义。学者梁启超说，这样一来，这个社会成了一个“平等而不自由的社会”。所以，墨子的学说虽然受统治者的赞赏，为国君所用，但是同样难以实现。

墨子大概自己也意识到把君权抬得过高的问题，所以搬出了“天意”“天志”，认为天意高于一切，君王应是天之子，为天行道。墨子有“尊天事鬼”的思想，他认为人们应该效法天地，上同于天。孔子也“尊天”，但孔子的尊天主要通过祭祀和祈祷来实现，这也与儒家一贯注重礼仪的作风十分吻合。墨子则认为祭祀不祭祀，不是最关键的问题，最关键的是人的行为要合于天道。而且，孔子认为“死生有命富贵在天”，孔子说这话的时候，可能是想劝慰失意的人。但是，他或许没有想到，这个说法严重地挫伤了人的积极性，容易使人消极待命。墨子纠正了孔子的这种天命观，认为上天虽然充满神秘的力量，但是自己仍然能够主宰命运。

奇怪的是，孔子尊天，但是不信鬼神。墨子认为人可以主宰自己的命运，却提倡相信鬼神。学者分析，“事鬼”之说一来是迎合了当时百姓的内心需要，使得自己的学说更加容易被接受。另外一方面是墨子看到鬼神信仰对人类心灵的积极影响和作用。一个有信仰的国度，其力量是不可估量的。信鬼神，使人有敬畏之心，不敢任意妄为，国家才会多一些安定。

墨子不愧为一个思想家、哲学家。他不断地对自己的观念进行完善。他怕“尊天事鬼”的思想被人误会，所以提出“非命”说，反对宿命论。而所谓“非乐”思想，直译过来就是“反对音乐”。我们要注意孟子提出“非乐”论的背景，那不是一个太平盛世，而且墨子出身平民，反对享乐。他认为王公大臣如果耽于声乐，容易养成懒惰的习气，对国家建设不利。这一点是合理的，但是他也反对百姓听音乐，这就走向极端了，他认为当时百姓有三个忧患：饥者不得食，寒者不得衣，劳者不得息，就连这些生存的基本保障都没有解决，还听什么音乐呢？可见，墨子过于讲究功利实用，而忽略了音乐对人的怡情养性、愉悦身心的作用。

墨子的“非乐”论，也是建立在他的“节用”论基础之上的。他反对音乐的理由之一，竟是因为乐器非天然形成，制作起来要耗费人力、物力、财力，他认为这是一种浪费。当然，我们还是要结合当时的历史环境来看，由于春秋战国时期，贵族阶级多骄奢淫逸，贪图享乐，所以，他奉劝统治者“节俭则昌，淫逸则亡”。而在民间也有浪费行为，那就是儒家提倡的“厚葬”之风，墨子也是极反对的。他提出“节葬”之说，有一定的现实意义。以上是墨子的十大主张，也是《墨子》一书的主要内容。如果带着历史的眼光来看的话，墨家学说比儒家更能符合战国时代社会发展的内容。但是，换一种眼光，又得另当别论。

第三节　原著选读：大义·大利·大爱

《墨子》原有71篇，现存53篇，一般认为是墨子的弟子及其后学记录、编纂而成。《墨子》分为两大部分：一部分记载墨子的言行，阐述墨子的思想，主要反映了墨家前期的思想。另一部分为《经上》《经下》《经说上》《经说下》《大取》《小取》等六篇，一般被称作“墨辩”或“墨经”，此六篇着重阐述墨家的认识论和逻辑思想。总的来说，“大义”“大利”“大爱”构成了《墨子》一书的核心价值体系。下面，我们在原文中细加品察。

1. 万事莫贵于义

原文：子墨子曰：“万事莫贵于义。今谓人曰：‘予子冠履，而断子之手足，子为之乎？’必不为。何故？则冠履不若手足之贵也。又曰：‘予子天下，而杀子之身，子为之乎？’必不为。何故？则天下不若身之贵也。争一言以相杀，是贵义于其身也。故曰：万事莫贵于义也。”

子墨子自鲁即齐，过故人，谓子墨子曰：“今天下莫为义，子独自苦而为义，子不若已。”子墨子曰：“今有人于此，有子十人，一人耕而九人处，则耕者不可以不益急矣。何故？则食者众

而耕者寡也。今天下莫为义，则子如劝我者也，何故止我?”（《贵义篇三十五》）

解读：原文的大意是，墨子说：“没有比义更重要的了。假如现在我们对别人说：‘给你帽子和鞋子，但是要砍断你的手和脚，你愿意干这件事吗?’那个人肯定会说不干。为什么呢？因为帽子和鞋子不如手和脚珍贵啊。假如又问：‘给你天下，但是要杀死你，你愿意干这件事吗?’那个人肯定会说不干。为什么呢？因为天下不如自己的生命珍贵，没有生命，要天下有何用？就像没有手脚，要鞋帽有何用呢？可是，有时，我们也不惜因为观点不和而相互打杀起来，这是因为把义看得比生命还珍贵。可见，万事万物没有比义更珍贵的了。”

墨子曾经从鲁国出发去齐国，看望一位老朋友。这位朋友对墨子说：“现在天下没有人做有义的事情了，你何必如此孤独自苦而行义呢？你不如就此停止吧。”墨子讲了一个故事，作为回答，他说：“现在这里有一个人，他有10个儿子，但是，其中只有一个儿子干活，另外9个儿子都不做事。这个耕种的人能不更加紧张吗？他反而更加努力地耕种，这是为什么呢？因为吃饭的人多，而耕种的人少啊。为了提高粮食产量，满足大家的需求，必须如此。而不是放下锄头，和大家一起坐以待毙。所以，现在天下没有人做有义的事情，我就更加紧张勤勉。你应该鼓励我行义，为什么还劝阻我呢?”这位朋友无可辩驳，而且对墨子更加尊敬。

墨子的这种思维方式，与众人不同之处，在于他的反向思考，而且态度积极向上。他并不会因为自己孤单行义而感到悲伤。墨子的这种精神，影响了许多游侠，他们的组织目的就是行侠仗义。

2. **止鲁攻郑**

原文：鲁阳文君将攻郑，子墨子闻而止之，谓阳文君曰："今使鲁四境之内，大都攻其小都，大家伐其小家，杀其人民，取其牛马、狗豕、布帛、米粟、货财，则何若？"鲁阳文君曰："鲁四境之内，皆寡人之臣也。今大都攻其小都，大家伐其小家，夺之货财，则寡人必将厚罚之。"子墨子曰："夫天之兼有天下也，亦犹君之有四境之内也。今举兵将以攻郑，天诛其不至乎？"鲁阳文君曰："先生何止我攻郑也？我攻郑，顺于天之志。郑人三世杀其父，天加诛焉，使三年不全，我将助天诛也。"子墨子曰："郑人三世杀其父，而天加诛焉，使三年不全，天诛足矣。今又举兵，将以攻郑，曰吾攻郑也，顺于天之志。譬有人于此，其子强梁不材，故其父笞之，其邻家之父，举木而击之，曰：吾击之也，顺于其父之志。则岂不悖哉！（《鲁问篇三十七》）

解读：鲁阳文君将要攻打郑国，墨子听了便去劝阻他。墨子对鲁阳文·君说："假如现在让鲁国周边的大都攻打小都，大家族攻打小家族，杀害他们的人民，掠取他们的牛马、狗豕、布帛、米粟、财物，那你怎么办呢？"鲁阳文君说："鲁国四境之内都是我的臣民。假如大都攻打小都，大家族攻打小家族，掠夺他人的财物，那么，我一定会狠狠地惩罚那些烧杀抢掠的人。"墨子说："天下为上天所有，就像鲁国的四境为您所有一样。现在，您打算举兵攻打郑国，岂不是冒犯上天的领土？难道上天的惩罚就不会到来吗？"这一招很厉害，君王之上，只有天为大，君王一般都畏天。不过，墨子拿“天”来压鲁阳文君，鲁阳文君却拿天意来当挡箭牌。可以说，这一攻一守都十分精彩，且先看鲁阳文君怎么反驳。

鲁阳文君说：“你为什么要阻止我攻打郑国呢？我攻打郑国，是替天行道。因为郑国的百姓数代以来杀害了他们的君主，上天要降给他们惩罚，使他们三年都不顺利。我将要顺应上天的旨意，替天加以诛伐，有何不可？”墨子说：“郑国人数代杀害他们的皇上，上天已经给了他们惩罚，使他们三年都不顺利，上天的诛伐已经够了，现在您又要举兵攻打郑国，说是替天行道。这就好比这里有一个人，他的儿子凶暴蛮横，没有出息，所以他的父亲用鞭子打他。邻人的父亲看了，也举起木棒打他，还说自己是顺应了被打之人的父亲的意志，这样的理由难道不够荒谬吗？”

这个比喻挺贴切的，想必让鲁阳文君的后背惊出了一身冷汗。墨子曾经阻止楚国攻打齐国，现在又来阻止鲁国攻打郑国。可见，他正以自己的行动，亲身实践着“非攻兼爱”的理想，对诸侯之间的混战多少起到了一些遏制的作用。心中没有大爱的人，是不会管这么多“闲事”的。

可是，鲁阳文君还不服气，他也给墨子讲起了故事，他说：楚国的南面，有一个吃人的国家，叫做“桥”。在这个国家里面，流行着一个恶俗，就是谁家若是第一胎生了儿子，这个孩子就要被杀死吃掉，还美其名曰为“宜弟”。如果这个人肉味美的话，就要把它献给国君，如果国君吃了喜欢，就会奖赏这位父亲。鲁阳文君的用意是，这样残忍的习俗都还存在，而我发动一场战争，有何不可？墨子回答说："我们这里也有野蛮的习俗，比如一位父亲战死了，君主就奖赏他的儿子。这也是不人道的，和奖赏吃人肉的父亲没什么不同，都会助长不良风气。所以，如果我们不实行仁义，实在也没有资格去指责野蛮人吃他们的儿子。至此，鲁阳文君才算是心服口服，不再争辩了。

3. 楚王好细腰，宫中多饿死

原文：昔者楚灵王好士细腰，故灵王之臣，皆以一饭为节，胁息然后带，扶墙然后起。比期年，朝有黧黑之色。是其故何也？君说之，故臣能之也。昔越王句践好士之勇，教驯其臣，和合之，焚舟失火，试其士曰："越国之宝尽在此！"越王亲自鼓其士而进之，士闻鼓音，破碎乱行，蹈火而死者，左右百人有余，越王击金而退之。是故子墨子言曰："乃若夫少食、恶衣、杀人而为名，此天下百姓之所皆难也。若苟君说之，则众能为之；况兼相爱、交相利，与此异矣！夫爱人者，人亦从而爱之；利人者，人亦从而利之；恶人者，人亦从而恶之；害人者，人亦从而害之。此何难之有焉？特士不以为政而士不以为行故也。(《兼爱中十五》)

解读：过去，楚灵王喜欢腰细的人，所以灵王的臣子都只吃一顿饭。他们为了节食，不惜收紧肚子，勒紧腰带，结果，饿得头昏眼花，只有扶着墙壁，才能够站得起来。一年以后，朝廷的大臣都瘦得面色发黑。这是什么原因呢？因为君王喜欢这样，所以大臣才趋之若鹜，做到这样。还有一例。从前，越王勾践喜欢勇敢的士兵，所以，他在训练臣子的时候，先把他们集合起来，然后点火把船烧着，且故意对他的将士说："越国的宝藏都在这船里，请战士们营救。”于是，越王装模作样地打起鼓来，鼓励将士前进。将士听到鼓声，都争先恐后地去抢救。结果，军队原本的队形被打乱。其中，蹈火而死的人，有一百多个，越王这才赶紧让他们停下。

所以，墨子说：“节食、穿不好的衣服、牺牲性命，都是百姓平时难以做到的事情。但是，假如君主喜欢，那么臣下就能做到。所以，何况“兼相爱”“交相利”本来就是好事，为什么做不到呢？爱别人的人，别人也会爱他；对别人有帮助的人，别人也会帮助他；憎恶别人的人，别人也会憎恶他；损害别人的人，别人也会损害他。这就是“兼相爱，交相利”的道理，如此简单，有什么难以实行的呢？要说难以实行，也是因为身居上位的君主，并不喜好它，不以它为行政的准则罢了。所以，士人也跟着不喜好它，不实行它。墨子一针见血地指出了问题的实质，意为大爱并不难行，只是缺乏实行它的君主罢了。同时，也可看出，中国百姓的官本位思想太重，为什么只有君主喜欢，自己才喜欢呢？这也是让墨子感到失望的地方。

4. 君子若钟

原文：又曰：“君子若钟，击之则鸣，弗击不鸣。”应之曰：“夫仁人，事上竭忠，事亲得孝，务善则美，有过则谏，此为人臣之道也。今击之则鸣，弗击不鸣，隐知豫力，恬漠待问而后对，虽有君亲之大利，弗问不言；若将有大寇乱，盗贼将作，若机辟将发也，他人不知，己独知之，虽其君、亲皆在，不问不言。是夫大乱之贼也。以是为人臣不忠，为子不孝，事兄不弟，交遇人不贞良。夫执后不言，之朝，物见利使己，虽恐后言；君

若言而未有利焉，则高拱下视，会噎为深，曰：‘唯其未之学也。’用谁急，遗行远矣。”（《非儒篇三十一》）

解读：原文的大意是，儒家的人又说：“君子应该像钟一样，敲了才响，不敲就不响。”墨子针对这种说法，谈道：“凡是仁人，都在做事时尽忠，侍候亲人时尽孝，别人做好事他就称赞，别人有过错他就谏阻，这才是为人臣子的道理。现在，如果敲他才响，不敲就不响，把自己的智谋隐藏起来，安静冷淡，懒得用力，等到君主和亲人发问，才作回答。即使是对君亲有大利的事情，不问也就不说。如果将来外敌入侵，盗贼将兴，一触即发，别人都不知道这件事情，只有儒者自己知道，哪怕君亲都在他面前，他也不问不说，这难道不是助长了大乱吗？以这种态度作臣子，实际上就是不忠。以这种态度作儿子就是不孝，对待兄弟就是不恭，对待他人就是不够善良。如果遇到麻烦的事情，就持后退不言的态度。到朝廷上，看到有利于自己的东西，又唯恐说得比别人迟。而皇上如果说了于己无利的事情，就把两手高拱，头朝下看，好像有饭塞在嘴里一样，这样的人是靠不住的。

《非儒篇》，顾名思义是针对儒家思想的批判，这篇主要是批评以孔子为代表的儒家的礼义思想。认为“君子若钟”，不敲就不响，不是做人的正确态度。墨家主张心怀利他之心，通过帮助别人，来达到对自我的帮助。所以，君子不应该像钟一样被动，而应当该出手时就出手。

5. 君子不镜于水，而镜于人

原文：是故子墨子言曰：“古者有语曰：‘君子不镜于水，而

镜于人。镜于水，见面之容；镜于人，则知吉与凶。’今以攻战为利，则盖尝鉴之于智伯之事乎？此其为不吉而凶，既可得而知矣。”（《墨子·非攻中》）

解读：所以墨子说道：“古人说：‘君子不以水作镜子，而是以人作镜子。在水中照镜子，只能看出自己的外貌；而用人作镜，则可以知吉凶。’现在如果有人认为攻战比较有利，那么，何不以智伯失败的事作为借鉴呢？此事的不吉而凶，已经可以预想的到了。”正是以人为镜，可以明得失，以史为镜，可以知兴替啊。

第九章　以法为教——《韩非子》

春秋战国，百家争鸣。在这一时期诞生了许多风云人物。九流十家，风格各有不同。各流派代表人物也风采各异。譬如“勇猛哥”孔子，据《史记·孔子世家》记载：“孔子长九尺有六寸，人皆谓之‘长人’而异之。”其臂力过人，远非后世认为的文弱书生的形象。并且，孔子酒量超凡，据说从来没有喝醉过。但孔子从不以武勇和酒量为傲。再如“逍遥哥”庄子，天地任逍遥。“和平哥”墨子，墨子师出儒者，学习孔子之术，后来逐渐对儒家繁琐礼乐感到厌烦，最终舍掉了儒学，自创立墨家学派。他反对国家之间战争，主张和平发展，是为和平哥。

接下来要出场的便是“犀利哥”韩非子，并非指其装束的犀利。韩非子生于周赧王三十五年，卒于秦王政十四年（约公元前281年—前233年），战国末期韩国人，今属河南省新郑。

第一节　战国时期的“犀利哥”

韩非子的犀利之一，在于他为没落的韩国国君之子。韩国是当时七国中最弱小的一个国家，经常受到他国的欺侮，所以韩非子难以形成温和的性格，且他见惯了宫廷之间的勾心斗角。所以，他练就了一副具有穿透力的冷眼。由于他生长于深宫之中，生活环境靠近权力中心，他与广大的百姓，还有下层的官吏之间，有许多隔膜。他的出身，决定了他不可能像孔子一样，“少而贱，多能鄙事”，主张“泛爱众”。也不可能像“和平哥”墨子一样，主张大爱、大义。韩非子服务的唯一对象是君王，他的学说主要是为了维护君王的统治地位。所以，他常给人留下不讲情面的印象。从外貌上来看，韩非子长有一副倒八字眉，眉头挑起，眉间紧锁，其眼神像刀锋一样犀利，难觅柔和。

韩非子的犀利，还表现在他的才华出众，聪明绝顶上。别看韩非子一副酷哥的形象，但是，他竟然有口吃，而且不善言谈。好在他的文章很出众。他与李斯都是荀子的学生，李斯后来当了秦国的宰相，写了许多文章。由于荀子的教育得当，李斯与韩非子都写有一手好文章。但是，韩非子思想之深刻，文采之出众，连李斯都自叹不如。韩非子的文章，主要都收集在《韩非子》一书中，包括《孤愤》《五蠹》《内外储》《说林》《说难》等，洋洋十万余言，经过后人整理、编撰而成。据说，韩非子的文章传到了秦王的手里，秦王感叹："嗟乎！寡人得见此人与之游，死不恨矣，"大有相见恨晚之意。

其次，韩非子的犀利还在于其"孤愤"，即孤高自赏而愤世嫉俗。韩非子虽出身贵族，但是人生经历坎坷。据《史记·老子韩非列传》记载，韩非子作为弱小国家的贵族子弟，眼见韩国因为错用人才而日渐衰弱下去，他屡次上书韩王，指出要认清国情。现在正是天下大乱的时候，许多游说之士夸夸其谈，徒有其表。尤其是儒家的学说，缺乏功利实效，容易扰乱国家的法度。而墨子的游侠队伍中，虽不乏义士，有时却触犯法律。可是，国君偏偏任用这些人士。国家安定的时候，就宠信那些徒有虚名的人，国家动乱的时候，就任用那些披盔戴甲的武士。韩非子感叹国家不务法制，"养非所用，用非所养"，"廉直不容于邪枉之臣"，而正直有才能的人却不见容于世，遂作《孤愤》以泄胸中不平。

再次，韩非子的犀利，还在于他清楚地认识到游说的困难，且撰写了《说难》一文。在文中他结合实际经验，条分缕析，层层解剖，可见其自信之满满，以及思维之犀利，非儒墨能比。他在《说难》中写道："游说的困难，并不是因为我的才智不足，也不是因为我的口才不好，更不是因为我有所顾忌，而是在于要了解对方的心理，再采取合适的游说方法。假如对方想要美名，而你却跟他讲如何获利，他就会认为你人品低下而看不起你。但是，如果对方重利，而你又告诉他要注重名声，他就会觉得你不切实际。而有一类人，名利都想要，这一类人最多。你要跟他谈名，他就会表面上顺从你，而实际上疏远你。若是你只跟他讲重利，他就会暗中采纳你的意见，而表面上却嫌弃你。这还只是《说难》的一个方面，此外，韩非子还举出了大量的游说者所能遇到的危险与禁忌，还有游说者说话时应当注意的内容、措辞、风格、尺度，等等。

除了说理之外，他还说了两个故事，以证明“说难”。其中一个是说宋国有个人家的墙壁被雨水冲垮，家中的儿子认为如果不把墙壁修好，恐怕会遭贼，他的邻居也这样说，结果晚上果然丢失了许多财物。于是，这个人家就怀疑是他的邻居所为。无独有偶，从前，郑武公想要攻打胡国，却把女儿嫁给胡国的国君，且故意问大臣：“我要用兵，打谁好呢？”关其思猜到了郑武公的用意，就说：“打胡国吧。”谁知郑武公竟把关其思给杀了。胡国听说这件事情，便以为郑国不会攻打自己，而放松了警惕。谁知，郑国后来竟然偷袭胡国。韩非子总结道：“那个邻人与关其思，他们的预见都是对的，但是，一个被怀疑，一个被杀害，可见，预知某件事情并不困难，困难的是如何去说。”

人们都把君王比作龙，韩非子说龙也属于虫类，可以被人驯养、驾驭。但是，龙的喉咙下面有一尺长的倒刺，如果人要是触犯了它的倒刺，就会受到伤害。可见，如果能在说话的时候，尽量避免触犯对方的禁忌，就算得上是善于游说了。韩非子也算是善于游说，韩王不重视他，实在是因其昏庸。秦王很喜欢韩非子，但是，却听信了李斯等人的谗言。李斯说：“韩非子是韩国的贵族子弟，大王想要吞并各国，韩非子到时候肯定会维护韩国，而对您不利啊。”于是，秦王就下令给韩非子定罪。韩非子万万没有想到，正是因为自己掌握了游说的技巧，得到了秦王的赏识，才遭到了小人的嫉妒。李斯不念旧情，将韩非子诬陷入狱之后，还设法阻止他向秦王伸冤，且派人给韩非子送了毒药，让韩非子自杀。后来，秦王仍念念不忘韩非子的才华，想把韩非子放出来，可惜，为时已晚，韩非子已死在狱中。因而司马迁感慨道，《说难》充满了智慧，可惜《说难》的作者却死于游说。

最后，韩非子的犀利，还表现在他的学说之上。他“精于刑法之书”，司马迁说他“切事情，明是非，其极残礉少恩”，意思是能够切中事情的要害，明辨是非，但是残酷苛刻。切中要害是犀利的一面，残酷苛刻也是犀利的一面。所以说，“犀利”这把双刃剑在韩非子身上表现得极为明显。韩非子的思想主要来源于三个方面，一是商鞅之法，二是申不害的“术治”，三为慎到的“法”“势”。商鞅变法想必大家都知道。申不害也是战国时期法家的代表人物之一，著有《申子》一书。“术治”是指君主心中的权术，驾驭臣下的方法。慎到是从道家分离出来的法家代表人物，著有《慎子》一书。“法”是指国家的法规条例，“势”指君王的重权在握所形成的威势，也是控制臣民的力量。

韩非子融合了前辈的“法”“术”“势”，使其成为了一个有机联系的统一体，他的学说也就成为教导“君主凭借政权的威力，运用术数以驾御群臣，而使群臣百姓都守法奉令来体现中央集权、君主专制的政治学说。为了使一切权力都集中在君主身上，韩非子别有用心地将君主神化，为其编神话，树神像，使臣民对君主不敢有任何怀疑。他主张对百姓“重赏刑罚”，可以理解为绝对服从皇上就重赏，若有忤逆则重罚。而君主凭什么对臣民重赏刑罚呢？一来凭借制法，二来凭借君主的威势。韩非子说：“彼民之所以为我用者，非吾爱之为我用者也，以吾势之为我用者也。”他认为君主对百姓绝对不能讲“爱”“仁义”，哪怕是遇到灾荒，百姓饿殍，也不能开仓救济。怪不得秦王能够成为韩非的知音，秦国二世而亡，就和韩非子的这种严苛残酷的学说有关。韩非子，怎一个犀利了得！

第二节　毁誉参半的东方马基雅维利

马基雅维利是意大利的政治思想家和历史学家，他的惊世之论是：只要目的正确，可以不择手段。他抛开了《圣经》与上帝对人们的道德约束，从人性恶的观点出发，得出了与韩非子类似的观点。马基雅维利的学说，主要也是为统治者服务的，他的代表作是《君主论》。《大英百科》是这样评论的：他认为《君主论》是对于政治现实的客观描述，因为他觉得人性腐败、贪婪且极端自私，因此建议政府在管理国家时可以不择手段。虽然有人欣赏这部作品的见解透彻和才气纵横，但长期以来仍广受责难，被视为愤世嫉俗、善恶不分之作。其目的是为了结束意大利的分裂局面，从而建立强大的中央集权国家，后人衍生出“马基雅维利主义者”这个名词，并用它来指不择手段，不讲道德的权谋者。

韩非子与马基雅维利虽然出生的时代不同，国籍不同，但他们的思想主张在许多方面有相似之处。由于韩非子的出生年代较早，马基雅维利生于公元1469年，所以，我不禁要怀疑，马基雅维利是否对韩非子构成了抄袭。不过，想来马基雅维利应该不懂中文，而《韩非子》什么时候流传到了意大利也无从考证。那么，如何解释二者的观念可以如此相近呢?

首先，从生长环境来看，他们都出生于没落的贵族家庭，且都经常与当时最有权势的政治人物交往。其次，从时代背景来看，马基雅维利出生以前的时代背景也与韩非子所处的战国时期十分相似。那时，意大利内部正处在四分五裂的局面当中，互相之间也是为了领土扩张而相互征伐。而马基雅维利的政治生涯开始的时期，也正是意大利出于内外交困的时期。因此，他们都更加倾向于性恶论，注重权术与实际，不图虚名。他们公然反对道德理想、宗教信仰，注重法治，具有强烈的独裁色彩。因此，我们可以说韩非子是东方的马基雅维利，也可以说马基雅维利是西方的韩非子。人们对他们的评价也是毁誉参半。

近代国学大师章太炎说：“从春秋到今日，二千四百年，一切环境，当然迭有变迁，具体的政治，《论语》不讲，《论语》单讲抽象的政治，道德齐礼，古今无异。宋赵普之半部《论语》治天下，半部《论语》治太平，果然欺人之语，然彼何不说半部《周礼》乎?《周礼》具体的，《论语》抽象的，故后者可行，而前者不可行也。”最后，他提出“半部韩非治天下”，严复也曾上书光绪皇帝，说："在今天要谈救亡图存的学说中，我想只有申不害和韩非子的大致可用。"

何以会出现这种差别？韩非子自身在论及其他问题的时候，无意之中做出了回答，他曾说过："周文王以百里行仁义而王天下，徐偃王以五百里行仁义而亡国。"由此可见，天下难有放之四海而皆准的真理。到底用哪种学说来治天下，恐怕还是要看当时的国情。而且，实际情况更为复杂。有人说："封建帝王们的治国之道无非是四个字：阳儒暗法。正所谓'半部韩非治天下'，历代帝王虽然嘴上天天念着儒家的仁义道德，暗地里却把韩非的这本书运用得滚瓜烂熟，封建社会形成了名则'独尊儒术'，实则'阳儒阴法'的治国方略。"无论以上说法是否正确，总之，有一点是可以肯定的，即《韩非子》的法治思想有其不可否认的价值。

在人性问题上，韩非子和荀子相近，都把人的欲望本能和趋利避害的自然取向当做人性的主要内容。然而，韩非子与荀子不同的地方在于，荀子从道德的角度，认为这些本能是"恶"的，应该通过礼义的教化来改变这种自然倾向，使人抑恶扬善。但是，韩非子没有想过使人性趋善，而是利用人性的弱点，制定重赏刑罚，以帮助君主统治臣民。他把人与人之间的关系看作是一种冷冰冰的利害关系。他说："医善吮人之伤，含人之血，非骨肉之亲也，利所加也。故舆人成舆，则欲人之富贵；匠人成棺，则欲人之夭死也。非舆人仁而匠人贼也。人不贵则舆不售，人不死则棺不买。情非憎人也，利在人之死也。"意思是，医生善于吮吸人的伤口，嘴里含着人的血液，他与病人并非骨肉之亲，如此做是为了利益所驱使。因此，造车的人希望人们富贵，能够买得起车；木匠制造棺材，则希望人们早夭、死亡。这并不是因为造车的人仁慈，而木匠邪恶。而是因为如果人们不富贵，那么车就卖不出去；而如果人们不死，那么棺材就卖不出去。这并不因为木匠在情感上憎恨这个人，而是因为只有人死了他们才能获利。

不得不说，韩非子的这种思想实在是一般人所难以接受的。过去，孔子讲“礼”，是希望约束大家的行为，提高大家的个人素养。而韩非子讲“法”，多数是针对平民而言，而对君主少有约束。韩非子的法治思想是与“尊君”思想结合在一起的，这很容易导致独裁、霸权。就像马基雅维利的思想培养了希特勒、墨索里尼一样。所以，我觉得那些说“半部韩非治天下”的人，就像是《伊索寓言》里的“青蛙求国王”。

据说，有一个地方的青蛙们没有国王，看到别的地方都有国王，于是觉得自己也应该有一个至高无上的国王。于是，经过会议决定，它们派出了一个代表，向神请求指派一个国王给它们。神一开始没有理会它们。它们竟在天门外面齐声哀求，神被它们吵得不行，于是扔了一个木头到池塘里面。青蛙们见到，先是吓了一跳，纷纷躲进了水底。后来，有青蛙说，这就是神指派的国王。于是，青蛙们都不敢说话，池塘变得分外安静。一开始，大家都惊喜于这个变化，因为大家都变得彬彬有礼起来，说话也轻声细语，打架斗殴的事情比从前少了许多。青蛙们认为，这都归功于木头国王。

但是，很快青蛙们面对这个一言不发的木头国王感到厌倦了。它们之中有青蛙试着挑战木头国王，做出了一些出格的事情，这个国王竟然没有反应。于是，青蛙们又恢复了吵闹的天性，整日呱呱呱地叫个不停。而且，甚至在木头国王身上嬉戏。它们的行为反而变得比以前更疯狂了。不久，它们又觉得应该有一个国王来管管大家。于是，它们又齐声向神请求："请给我们一个活生生的，十分强大的国王。"神被它们吵得心烦意乱，于是派了一只强健的鹤来做它们的国王，谁知，这只鹤落到池塘以后，连招呼都没打，就把青蛙们一只一只地吞进了肚里。

所以，冯友兰才说："谁若想组织人民充当领袖，谁就会发现法家的理论与实践仍然很有教益，很有用处，但是有一条，就是他一定要愿意走极权主义的路线。"而极权主义的危害，很可能像秦王暴政，三代而亡，而我们则很有可能将被鹤吃掉。

不过，《韩非子》在我国哲学史上仍有其宽泛的理论价值，从哲学的角度看，《韩非子》"具备唯物的世界观、进化的历史观、重视功利的社会观、以法治国的政治观、与时俱进的改革思想和富国强兵的策略思想"，这些都是值得我们研究和借鉴的。

第三节　原著选读：听犀利哥说故事

《韩非子》是韩非子逝世以后，由后人辑录完成的。《汉书·艺文志》记录《韩子》55篇，与今本的篇数相符，可见《韩非子》得以完整地保留至今实属不易。《韩非子》是战国末期法家集大成之作，达到了先秦法家理论的高峰。《韩非子》文锋犀利，说理透彻，推证事理能够切中要害。比如《亡征》篇中分析国家将亡的征兆达47条之多，实属罕见。此外，《难言》《说难》二篇，细致入微地揣摩了被游说者的心理，其周密细致，无以复加。

除了分析透彻之外，《韩非子》还运用了大量的寓言故事和丰富的历史故事作为论据，其语言幽默，深入浅出，从中可以看出韩非子对社会和人生的深刻认识。寓言是一个民族智慧与思想的集中体现，同时也是弥足珍贵的思想宝库。《韩非子》中的寓言故事有许多特别之处。首先，在于其数量之多，位先秦诸子之首。据统计，《韩非子》中的寓言有三百八十多篇，除去重复出现的和一事多记的诸篇之外，还有三百四十多篇。这在先秦古籍当中，实属罕见。

其次，《韩非子》中的故事总是类比出现，即一个又一个寓言连接在一起的“寓言群”的形式，可以看出韩非子曾有意识地收集、整理过寓言与历史故事，并对它们进行了分门别类。《韩非子》中的《内外储说》以及《说林上下》篇，是我们今天能够见到的最早的寓言故事集。其中，《内储说上》主要论述国君驾驭群臣的7种手段，为此，韩非子用了49个寓言故事来解释这7种手段。而《内储说下》主要论述国君必须知道的6种隐微难见的事端，韩非子在此篇中用了五十多个寓言故事来说明这6种事端。“内外储说”中，“储”本来就是积储的意思，而“说”则是指寓言、历史传说故事，从“内外储说”来看，这些故事又都被分门别类地安排在作者特定的法、术、势论点之下。其中，“外储说”中的寓言故事竟达一百一十多个，韩非子从20个方面宣扬了封建君主专制的法制和权术，成为中外寓言史上罕见的大型“寓言群”。

再次，这些寓言故事和《庄子》中的寓言故事比较起来，更加具有现实意义。它们多取材自现实生活，而且跟现实有十分紧密的联系，不像《庄子》寓言那样想象奇特，出神入化，《韩非子》中的故事，平实而不平淡。故事主角多为现实中的人物，比如“卜妻为裤”这个故事，讲得是：郑县有个叫卜子的人，叫妻子为他做裤子，妻子问他：“现在这个裤子想做成什么样的呢?”卜子说：“就照老样子做吧。”妻子听了，于是把新的裤子做得像旧的一样，还故意在上面戳几个洞。后来这个成语就用来形容那些刻板保守，不知变通，僵化呆板的人物。现实生活中可能真有这么愚笨的人。这个故事后面还紧接着另外几个故事，这些故事分开来看，则个个篇幅短小，语言精练，却能达到耐人寻味，警策世人的艺术效果。比如，大家耳熟能详的“守株待兔”“自相矛盾”“买椟还珠”“滥竽充数”“讳疾忌医”等寓言故事，都出自于《韩非子》。下面择取几个不大为人熟知的《韩非子》中的寓言故事供大家欣赏。

1. 卫人嫁女

原文：卫人嫁其子而教之曰：“必私积聚。为人妇而出，常也；其成居，幸也。”其子因私积聚，其姑以为多私而出之。其子所以反者倍其所以嫁。其父不自罪于教子非也，而自知其益富。念人臣之处官者，皆是类也。（《韩非子·说林上第二十二》）

解读：大意是卫国有个人嫁女儿时，教育女儿说：“你嫁过去以后，一定要存私房钱啊。做人家的媳妇而被赶出来，是常有的事情；那些终生不离不弃的夫妻，只是特别幸运而已。”结果，他的女儿果然私自积攒了许多财物，被她的婆婆知道了，便把她给休了。这人的女儿因为存私房钱的缘故被赶回了娘家。她带回的财物远远多于陪嫁时的财物。因此，她的父亲不但不谴责自己教育女儿的过错，反而认为自己增加财富的想法很聪明。现在处在官场中的臣子，也有卫人这一类人。韩非子通过这个故事揭露了官场上的腐败。他认为人心败坏，贪慕金钱，甚至不惜出卖女儿的幸福。原来在韩非子心中，人性已经如此邪恶，难怪他会反对仁政。

2. 三人成虎

原文：庞恭与太子质于邯郸，谓魏王曰：“今一人言市有虎，王信之乎？”曰：“否。”“二人言市有虎，王信之乎？”王曰：“寡人疑矣。”“三人言市有虎，王信之乎？”王曰：“寡人信之矣。”庞恭曰：“夫市之无虎也，明矣，然而三人言而成虎。今邯

郸去大梁也离市场很远，而议臣者过于三人，愿王察之也。”王曰：“寡人自为知。”于是辞行，而谗言先至，后太子罢质，果不得见。（《韩非子·内储说上》）

解读：大意是魏国的大臣庞恭将要陪太子去赵国的国都邯郸做人质。临行之前，庞恭问魏王：“如果现在有一个人说集市上有老虎，大王相信吗？”魏王说：“我不相信。”庞恭接着问：“那么，如果有两个人说集市上有老虎，大王相信吗？”魏王说：“我会有点怀疑。”庞恭接着问：“如果有三个人说集市上有老虎，大王会相信吗？”魏王说：“这样的话，我会相信。”庞恭说：“集市上没有老虎是再明白不过的事情，可是，有三个人说集市上有老虎，人们就会相信真的有老虎。同理，邯郸离魏国比这儿离集市还远，可是，说我坏话的人不止三人，希望大王能够明察。”说完，庞恭便告辞了。随后，果然有人说庞恭坏话。后来，太子不再做人质时，庞恭陪太子回魏国，魏王由于听信了谗言，便不再召见庞恭。

现在，“三人成虎”这个成语用来形容谣言一再反复，就会使人信以为真。这一下又切中了人性的弱点。

3. 鲁人搬迁

原文：鲁人身善织屦，妻善织缟，而欲徙于越。或谓之曰：“子必穷矣。”鲁人曰：“何也？”曰：“屦为履之也，而越人跣行；缟为冠之也，而越人被发。以子之所长，游于不用之国，欲使无穷，其可得乎？”《韩非子？说林上第二十二》

解读：大意是鲁国有一个人擅长编织草鞋，他的妻子善于纺纱，他们想搬家去越国。有人告诫他们：“你要是搬过去，一定会受穷的。”这个鲁国人问他：“为什么？”那人说：“因为草鞋是用来穿的，但是越国人都赤脚走路；纺纱可以用来做帽子，但是，越国人都披头散发，根本不戴帽子。你们虽然有专长，但搬到没有用武之地的国家，想不受穷，这可能吗？”

从这个故事来看，鲁人搬迁可能有两种结局，一种是受穷。那么，鲁人便知道，以后搬家应该事先调查清楚，如果搬到了一个不合适的地方，自己的优点也会丧失作用。这就像我们找工作一样，也要找适合自己的岗位。但是，还有一种可能，是文中没有提到的，鲁人很可能到了越国以后，发达起来。因为，越国没有人穿鞋带帽，鲁人完全可以抢占市场先机，带动越人的消费。由此可见，危机也是转机。

4. 美者自美，吾不知其美

原文：杨子过于宋，东之逆旅，有妾二人，其恶者贵，美者贱。杨子问其故。逆旅之父答曰：“美者自美，吾不知其美也；恶者自恶，吾不知其恶也。”杨子谓弟子曰：“行贤而自贤之心，焉往而不美。”（《韩非子·说林上第二十二》）

解读：大意是，有一个叫“杨朱”的人，他路过宋国的旅店，看见店主有两个小妾。其中，长相丑陋的那个地位高些，而长得漂亮的那个地位低些。杨朱感到奇怪，便问店主其中缘由。店主说：“长得漂亮的自以为漂亮，而我并不觉得她漂亮；长得丑的自以为丑，而我并不觉得她丑。”于是，杨朱回去就对他的弟子说；“要是一个人做了高尚的事情，自己觉得自己高尚，也是没有用的。所以，还是不要自以为是。”

5. 狗猛酒酸

原文：宋人有酤酒者，升概甚平，遇客甚谨，为酒甚美，县帜甚高，然而不售，酒酸。怪其故，问其所知闾长者杨倩，倩曰："汝狗猛耶？"曰："狗猛则酒何故而不售？"曰："人畏焉。或令孺子怀钱挈壶瓮而往酤，而狗迓而龁之，此酒所以酸而不售也。"（《韩非子·外储说右上第三十四》）

解读：原文的大意是，宋国有一个卖酒的人，量酒的容器十分准确，待客也非常恭谨，酿酒非常醇美，卖酒的酒旗也挂得很高，但是，酒却卖不出去，人们都说他的酒酸。他对此感到疑惑，不知原因何在，就去问他熟悉的地方长者杨倩，杨倩告诉他说："你养的狗凶吗？"他说："狗是挺凶猛的，可是酒为什么就卖不出去呢？二者之间有何关系？"杨倩说："你傻啊，因为人们怕狗呀。设想有人让小孩拿着钱和酒壶来买酒，结果遇到你家的猛狗追他，咬他，他下次哪里还敢来呢？这就是为什么你家的酒会变酸而卖不出去的缘故。"

韩非子在文中的其他地方，还提到了这个卖酒的人，这个人叫做"庄氏"，他酿的酒一直味美。只是，有个人派仆人去庄氏店里买酒，庄氏的狗见到人就乱咬，仆人不敢进去，买了其他店家的酒。主人问他："为什么不买庄氏的酒？"他说："今天庄氏的酒酸。"

可见，"酒酸"一方面是谣言，而另一方面竟然变成了现实。由于人们害怕庄氏店里的狗，所以扯谎说他家的酒酸。大家都不去买，庄氏家的酒就真的变酸了。而谁也想不到，问题却出在那只恶狗身上。

6. 老马识途

原文：管仲、隰朋从于桓公而伐孤竹，春往冬反，迷惑失道。管仲曰："老马之智可用也。"乃放老马而随之，遂得道。行山中无水，隰朋曰："蚁冬居山之阳，夏居山之阴。蚁壤一寸而有水。"乃掘地，遂得水。以管仲之圣而隰朋之智，至其所不知，不难师于老马与蚁。今人不知以其愚心而师圣人之智，不亦过乎？（《韩非子·说林下第二十三》）

解读：原文的大意是，管仲和隰朋跟随齐桓公去征伐孤竹国，他们春季出征，冬季返回，中途迷了路。管仲说："老马认识曾经走过的道路，我们可以利用老马的智慧。"于是，他们就放开老马，让老马走在前面，大家紧随其后，于是，他们找到了回去的路。后来，他们走到山里口渴，没有水喝，隰朋说："蚂蚁冬天住在山的南面，夏天住在山的北面。地上的蚁穴如果有一寸高的话，地下八尺深的地方肯定有水。"于是他们找到蚁穴，然后往下挖去，果然找到了水。最后，韩非子发议论说：凭借管仲和隰朋的聪明，碰到他们无法解决的事情，都不惜向老马和蚂蚁请教。可是，现在的人们，竟然都不知道用他们的愚蠢之心去向圣人的智慧学习，这不是错了吗？

7. 掩鼻之计

原文：荆王所爱妾有郑袖者。荆王新得美女，郑袖因教之曰："王甚喜人之掩口也，为近王，必掩口。"美女入见，近王，因掩口。王问其故，郑袖曰："此固言恶王之臭。"及王与郑袖、美女三人坐，袖因先诫御者曰："王适有言，必亟听从王言。"美女前，近王甚，数掩口。王悖然怒曰："劓之。"御因揄刀而劓

美人。

一曰：魏王遗荆王美人，荆王甚悦之。夫人郑袖知王悦爱之也，亦悦爱之，甚于王，衣服玩好择其所欲为之。王曰："夫人知我爱新人也，其悦爱之甚于寡人，此孝子所以养亲，忠臣之所以事君也。"夫人知王之不以己为妒也，因为新人曰："王甚悦爱子，然恶子之鼻，子见王，常掩鼻，则王长幸子矣。"于是新人从之，每见王，常掩鼻。王谓夫人曰："新人见寡人常掩鼻，何也？"对曰："不知也。"王强问之，对曰："顷尝言恶闻王臭。"王怒曰："劓之。"夫人先诫御者曰："王适有言，必可从命。"御者因揄刀而劓美人。《韩非子？内储说下六微第三十一》

解读：原文大意是，楚王的爱妾中有一个叫郑袖的女子。楚王刚得到一个美女，郑袖就教这个美女："楚王喜欢别人捂住嘴巴，你要是靠近大王，一定要捂住嘴巴。"美女入见，靠近楚王就捂住嘴巴。楚王询问其中的原因，郑袖说："她说过讨厌大王身上的气味。"有一天，楚王、郑袖和美女三人并坐，郑袖事先告诉随从："如果大王发话，一定要立马执行。"只见美女靠近楚王的时候，多次捂住嘴巴。楚王大怒，说："割掉她的鼻子！"随从立马拔出刀来割掉了美人的鼻子。

还有一种说法：魏王送给楚王一个美女，楚王非常喜欢。楚王的夫人郑袖知道楚王喜欢那位美女，她也喜欢那位美女，甚至喜爱程度胜于楚王。衣服、玩好的都尽量满足那位美女。楚王很满意地说："夫人知道我喜欢新来的美人，她也喜欢，甚至比我更喜欢，这也是孝子赡养父母，忠臣侍奉君主的方法。"郑袖便知道楚王不会怀疑自己嫉妒那位美女，于是，对新来的美人说：

“大王非常喜欢你，但是，他讨厌你的鼻子。你见到大王的时候，如果捂住鼻子，大王会更加爱你。”于是，美人听信了郑袖的话。每次见到楚王，都捂住鼻子。楚王对郑袖说：“新人最近见我总是捂住鼻子，这是为什么?”郑袖假装说：“我不知道。”楚王追问，她装作不情愿地回答道：“不久前，新人曾告诉我，她讨厌大王身上的味道。”楚王怒了，下令说：“把她的鼻子割掉!”郑袖事先告诫过侍从：“大王如果下令，一定要听从命令。”于是，侍从立马拔出刀来割掉了美人的鼻子。

郑袖善妒是出了名的，这是她想出来的“掩鼻之计”，《战国策》和《韩非子》都有所记录。郑袖可谓是攻于心计的一个代表，韩非子举此例，是对人们之间的勾心斗角做了一个形象的说明。美人虽美，但是心肠如毒蝎。或如那位美人，虽美，却愚不可及。

第十章　抽象思维的重要著作——《公孙龙子》

《公孙龙子》，又名《守白论》，是战国后期名家代表人物公孙龙的著作。《汉书·艺文志》将战国时期的主要思想流派分为了儒、墨、道、法、阴阳、名、纵横、杂、兵、小说十家。名家在其中排名第六。这个“名家”不同于我们今天常说的“名家”，而是指在春秋战国时期以研究、探讨“名”（概念）和“实”关系问题为中心的一个学派，而从事这方面的研究的人我们称之为“名家”。公孙龙就是其中的代表人物之一，此外还有惠施、邓析、桓团等。虽然名家的学者都非常善辩，但是却“不能服人之心”，所以他们的学术地位一直以来都不算太高。名家留下来的文献也很少。比如桓团是何许人也，我们已不得而知。邓析稍微幸运一些，有一部《邓析子》流传，但是据学者考证是“伪作”，即后人借他的名字而写，非邓析本人所著。他自己的著作已经散佚。

第一节　这个“名家”不大有名

《吕氏春秋》中记载了一些关于邓析的资料，说他“以非为是，以是为非，是非无度，而可与不可日变”，可以看出名家的一些做派。

此外，还有一个故事。说是有一个地方发生了水灾，郑国有一个富人被淹死了，尸体被一个船家捞了起来。这个船家便向富人的家属索要报酬，方肯归还尸体。死者的家属向邓析咨询对策，邓析说：“不妨等等，因为没有别人会要那具尸体。”于是，富人的家属就迟迟不理船家。船家也跑来向邓析求教，邓析说：“不妨等等，因为只有死者的家属来你这里，才能买回死者尸体。”结局如何，《吕氏春秋》没有记载。

不过，冯友兰在其《中国哲学简史》中，对邓析的这种“手法”做了分析，认为他绕来绕去，“专决于名而失人情”，也就是说，过分地注重“名”，而切断“名”与“实”之间的关系，“这便是名家思想主张的实质”。不过，“真正创立名家哲学的是惠施和公孙龙”。

惠施是战国时人，曾任宰相，以学识渊博著称。他与庄子是朋友。惠施死后，庄子感叹再也没有能与他对话的人物。虽然惠施的著作也已经散佚，但好在《庄子》中，多处可见惠施的身影。《庄子·天下》篇中更是记载了“惠施十事”，可以看出惠施非常强调事物的相对性。比如“无厚不可积也，其大千里”，意思是一个东西没有厚度就难以使它积厚，在厚度上，它可谓“小”，但是它可能在面积上很大，“其大千里”，又何谓“大”。可见大小之间没有绝对的界限，都是相对而言。再比如惠施说“南方无穷而有穷”，可以看出他的思辨性。

公孙龙，字子秉，是当时唯一一个有著作流传下来的名家人物。与惠施的相对性、可变的观点不同，他更加强调“名”是绝对的，不变的。他“好治怪论”，以善辩闻名于当时。他生于公元前320年，死于公元前250年，生活的年代正好是在战国末期。据说，他曾到燕国游说，劝燕昭王不要打仗，后来在赵国平原君家里作门客达二十多年。他曾与孔穿、子高等人辩论，辩论的结果常是“孔穿不应”“子高弗应”，可以想见那个场景。“不应”的原因倒不一定是辩论的失败，而很有可能是丧失了与对方说话的兴趣。尤其是见识过公孙龙“诡辩”的人，下次应该不会再自讨没趣了。因为你实在说不过他，但他也实在无法使你心悦诚服。所谓“辞胜于理”是也。

关于公孙龙，最著名的诡辩，应当是“白马非马”论。据说，有一次，公孙龙经过一个关口，守卫的人告诉他：“马不能通行。”公孙龙竟说：“我的马是白马，又不是马，白马非马，所以我的白马可以通行。”这一说把守卫的人给绕晕了，人家无言以对，勉强让公孙龙骑马过关了。

公孙龙大概很得意，后来写书时，专门写了一篇《白马论》，对“白马非马”说进行了更加详细的阐述。他强调了

“马”“白马”“白”三个概念之间的不同。他从三个方面进行了论证，首先，他说“马”是一种动物，“白”是一种颜色，“白马”是一种颜色加一种动物，所以“白马”不是“马”。其次，他认为如果有人要马，马夫可以给他黄马、黑马、白马。但是，如果有人要“白马”，就只能给他白马。可见，马不等于白马。如果用西方的逻辑学语言来说，就是“马”的外延和“白马”的外延不同。“马”的外延更大，所以，“白马非马”。再次，公孙龙指出，马一般都有颜色，没有颜色的马，那是透明的马，实际上是不存在的。但是，马本身又不特指任何颜色。所以，没有颜色的马，反而代表了马的本质。而白马特指白色的马，所以“白马非马”。

这就是公孙龙有名的《白马论》。可以说，战国时期，百家争鸣，论辩的才能显得非常重要。我们已知孔子的循循善诱，孟子的慷慨陈词，荀子的基于现实，老子的玄而又玄，庄子的汪洋恣肆，刘安的博极古今，在如此丰富的辩论风格之外，名家还能自立一派，也算是有不小的贡献。虽然这种诡辩有许多毛病，有人觉得名家无聊、狡辩、没有实用价值。但是，从哲学思想的角度来看，名家的意义在于，他们“揭示出了一个形象之外的世界”。所谓“形象之外”是相对于“形象之内”而言。“形象之内”对应的是富有形象的“实”，而“形象之外”则是抽象的“名”。比如，“公孙龙是一个思想家”这句话里面，“公孙龙”是“实”，是“形象之内”，而“思想家”是“名”，是“形象之外”的东西。而且，公孙龙是赵国人，赵国素来有敢于标新立异的文化风尚。公孙龙逆哲学主流而行，发展了赵人的思辨之美。

公孙龙特别重视揭示“形象和属性之外的共相”，也即某种在形象之外的普遍性。比如“白”的共相，我们是看不到的。我们看到的，往往都是“形象之内”的白。你不能说你看到的“白”就是“白”，因为你看到的很有可能是奶白、米白、或本白之类，这些都是“形象之内”的东西，而不是“白”本身。公孙龙认为每个共相都是“独而正”的，这就把中国的哲学从实用主义引向了抽象之域。

我国古代的祖先，脑海中鲜有抽象的概念。比如，他们说圆的东西，就说像月亮。说热的东西，就说像烈日。说硬的东西，就说像石头。所以，先人特别擅长比喻。他们的思维异于西方的逻辑思维，而是一种意象思维。他们自觉不自觉地讲求“理象统一，理中有象，象中蕴理”，他们脑海中的概念都需要借助物象而生。《公孙龙子》挑战了这种传统的思维模式，他的“名”（概念）脱离了具体的物象，可以不借万物而独存。有学者认为，“《公孙龙子》是人类抽象思维日益发展进步的反映”，而且它“在一定程度上纠正了中国传统思维的偏向”。

方立天、成中英等著的《中国传统思维偏向》中写道：“中国传统思维重直觉、顿悟，讲求意象思维，善取象比类，多运用比喻、象征，重效验，具有内倾性、求同性、循环性、稳定性，成为中国文化中重要的部分。而西方的思维方式是注重对立与分析的思维方式，重外向性、求异性、创造性、变动性、逻辑性。”而《公孙龙子》作为“发展归纳和演绎方法的科学逻辑的唯一的中国思想学派”名家的代表作，我们应给予它充分的重视。因为

"它是把西方的逻辑中国化的媒介，是培养中国人抽象思维的一部重要著作"。

不过，这样的思维方式，也有其危险所在。它把事物之间的区别绝对化，而看不到他们之间的联系。这就犯了孤立地、形而上地看问题的错误，比如公孙龙的"孤犊未尝有母"论，显然已经陷于荒谬。"孤犊"指孤儿，公孙龙认为孤儿不曾有母亲，他的弟子解释说，因为有母亲就不是孤儿。可是"未尝有母"和"无母"是不同的。事实上，即使是孤儿也存在"有母"的时期，他们一般是出生以后才失去母亲，并非天生无母。但是，公孙龙却固执地将孤儿"有母"的阶段排除在外，得出了孤儿不曾有母亲这个谬论。如此一来，"孤犊"就成了一个抽象的空洞物。因此，这种割裂事物联系性的论辩，我们称之为"诡辩"。公孙龙的这种诡辩在逻辑学不发达的古代，是颇能迷惑一些人的。即便不赞成他所讲的道理的人，也承认他能言善辩，或者说他"辞胜于理"，或者说他"能胜人之口，不能服人之心"。而在逻辑学发达的今天，其诡辩术当然是不难驳斥的。但对一般缺乏逻辑素养的人来说，碰到一些较复杂的问题，就难免陷入诡辩的圈套当中。

第二节 诡辩与反诡辩

据《汉书·艺文志》记载，《公孙龙子》原本有14篇，扬雄在《法言》中曾说："公孙龙诡辞数万。"但是，实际流传至今的文本不过6篇，总计三千多字，可见原本中的大部分内容已经散佚，剩余的6篇当中，还有一篇《迹府》是由后人辑成。

《公孙龙子》的一大特色就在于它的"诡辞"。我们都知道，在一个思想解放的年代，人们常常通过辩论来改造他人、改造社会。有理有据的辩论，其作用可大可小，大到可以阻止一场战争的发生，甚至可以改变世人的命运。但是，如果违反逻辑规律，用似是而非、偷换概念的方法，颠倒是非，混淆黑白，就是诡辩。《现代汉语词典》中给出的关于"诡辩"两个译项是：一，外表上、形式上好像是运用正确的推理手段，实际上违反逻辑规律，做出似是而非的推理；二，无理狡辩。

《史记·五宗世家》中记载了一个故事，说刘彭祖阴险狡诈，欺下媚上，表面上谦卑恭敬讨人喜欢，内心却刻薄阴毒。他喜好玩弄法律，常用诡辩伤人。他利用职权，垄断买卖，大获其利。当时，相国、二千石级的官员如果想要秉公执法，就会损害刘彭祖的利益。为此，每当相国、二千石级的官员到任，刘彭祖就会假扮成奴仆，亲自出迎，帮助清扫官员下榻的住所，且引诱对方犯错。一旦对方言语有触犯朝廷之处，刘彭祖就把它记下来。日后，官员若是想依法办事，处理王室，他就以此相威胁。对方若不配合，他就以“作奸犯法图谋私利之事”诬陷对方。刘彭祖担任赵王五十多年期间，官员没有能任满两年的。他们经常因罪免职，罪过大的被处死，罪过小的则受刑罚。

以上是“诡辩”一词的较早的出处。但是，请注意，这里的“诡辩”和名家的“诡辩”不大一样。名家的诡辩更加富有哲学意味。相对马克思主义的辩证法哲学来说，名家的诡辩是“反辩证法”的，其哲学根源是相对主义。之前说过的惠施就是相对主义的高手。比如，惠施说“大同而与小同异，此之谓小同异；万物毕同毕异，此之谓大同异”。其中，“大同”是指物体之间的相似性程度较大，“小同”是指相似性的程度稍小。比如，人与人之间为“大同”，人与动物之间即为“小同”。但是，如果换一个角度来考虑，相对人与草木瓦石之间的相似性来说，人与动物则为“大同”。可见，惠施认为“同”的大小也是相对的，大小可以层层向上，也可以层层向下类推。而且，无论是“大同”还是“小同”，其中都隐含着某种差异，或说不相似性，所以称为“小同异”。而“万物毕同毕异”指的是万物就个体而言，则各个不同，即“毕异”。但是，万物之间又有共相，即“毕同”之处。总之，名家就是这样，你要是说这两件东西相同，他就能指出它们之间的不同之处。而你要是说它们不同，名家又能告诉你，它们之间的相同之处。这就是名家的相对主义式“诡辞”。“相对主义”，被认为是一种形而上学的唯心主义哲学。它的问题在于片面地夸大了人们认识的相对性，抹煞了事物中的某种确定的规定性。这样一来，就取消了真理和谬误的客观标准的存在，使人可以任意地、主观地下判断，这就为混淆是非，进行诡辩提供了理论依据。

公孙龙与惠施有所不同，他是认为“万物皆异”。他把形象与抽象分离，把特殊与一般割裂，夸大了事物之间的差异性，而抹杀了事物之间的同一性。这样，就为偷换概念、制造混乱打开了方便之门。

比如，除了“白马非马”以外，还有“离坚白”也是公孙龙提出来的。他说，石头的坚硬和石头的颜色是分离的。有白就无坚，有坚就无白。“坚”与“白”不同，所以二者不能同时存在。说一个石头是白石的时候，并没有说它坚硬。所以，“白石非石”。类似的还有“杀盗非杀人”之说。即杀强盗不是杀人，因为强盗不是人。这倒不是从道德的角度来说，而是从“名实关系”的角度所下的论断。因为，按照公孙龙的逻辑，我们完全可以推断出“公孙龙不是人”，因为公孙龙和人是两个概念，二者之间不能直接划等号。

此外，名家还有“鸡三脚”“火不热”“白狗黑”等奇怪的论点。《庄子》中记载，惠施学富五车，常与人辩论。有许多人向他挑战，发出更加奇怪的言论，其中有一个人告诉惠施：“鸡有脚，鸡左脚，鸡右脚，所以，鸡有三只脚。”把惠施都问得无言以对。以此类推，我们可以说猪五脚，螃蟹九脚了。

综上所述，无论是惠施的相对主义观点，还是公孙龙的形而上学的诡辩术，都像是在玩某种概念游戏，属于很有意思，但毫无意义的事情，偶尔为之也就罢了。不过，从哲学思想的角度来看，还是要肯定惠施开创了朴素的辩证法，而公孙龙则开创了原始的逻辑学。

其实，我们生活中也常常于有意无意间用到诡辩术，或见于两人吵架之时。比如某男生对某女生说："我纯洁的爱情只献给你一个人。"该女生反问："那么，你不纯洁的爱情献给了谁呢？"或见于开玩笑的场合，比如：因为猪等于吃饭加睡觉，而你等于吃饭加睡觉加学习，所以，你等于猪加学习。或见于某人钻进了牛角尖的时候，比如某人曾这样发表议论："天热，人不舒服；天冷，人也不舒服；但是，天气总是非冷即热，所以，人总是不舒服。"或见于某人学习时的思考过程中，比如某生学习化学时，发现所有的金属都是化学元素，所以，他开始推断，既然钢是金属，那么，钢也应该是化学元素。以上情形可以说都是比较常见的。可见，有时我们正在使用它，自己却浑然不觉。而且，诡辩术可谓一把双刃剑。他有时能让我们变得幽默，但是，有时也会让我们犯错，或变得尖刻。总之，诡辩术已经不知不觉地融入了我们的生活当中。

西方也有诡辩。古希腊哲学家亚里斯多德在《辩谬篇》中举了一个例子："你有一条狗，它是有儿女的，所以它是一位父亲。它是你的，所以它是你父亲。因而，你打它，就是打你父亲。"这个听起来有点不可思议，从"它是一位父亲"到"它是你父亲"这个中间，就利用了某种表面的相似性来偷换概念，以致得出谬论。此外，古希腊还有一个善于诡辩的哲学家芝诺，他说"阿基里斯永远追不上乌龟"。要知道阿基里斯可是古希腊神话中长跑健将。芝诺的理由是，假设乌龟先爬一段路，然后阿基里斯再去追它，那么，阿基里斯就永远都追不上乌龟。因为在阿基里斯追上乌龟之前，必须首先到达乌龟的出发点，可是，这时乌龟又向前爬了一段路。于是阿基里斯又必须达到乌龟的下一个出发点。如此一来，阿基里斯永远在出发点上落后于乌龟，所以他永远追不上乌龟。芝诺的提法从表面上来看，并没有逻辑上的错误，只是从常识上来看，我们认为他的推论是错误的。

既然，诡辩在日常生活中出现的几率这么高，我们就有必要学习一些反诡辩的技巧。举个例子，古代有一个书生参加考试，由于当时没有相机，考生要自填外貌特征，在“是否有胡须”这一栏里，书生填了“微须”。参加考试的时候，谁知考官见到他竟怒斥：“你冒名顶替，资料上显示你明明没有胡须啊!”这位书生觉得很冤枉，说：“老师，我明明写了微须啊。”考官说：“微是没有的意思。在范仲淹的《岳阳楼记》里面，有句‘微斯人吾谁与归’，说的是没有人与我一道。”如果书生这时无言以对，他就要被取消考试资格。还好，他想到另外一个反例，为自己进行申辩：“孔子曾经微服而过宋，如果微是没有的意思，难道孔子不穿衣服去宋国?”考官终于被他说服，让他参加了考试。这就是成功地运用了“列举反例法”。

此外，还有“以牙还牙法”，也就是用诡辩来对付诡辩。比如，有个小男孩去店里买面包，店家给了他一个小的。男孩问：“面包怎么比平常小了?”老板说：“为了让你方便拿啊。”于是，男孩留下一点钱就走了。老板忙说：“你没给够钱呢!”男孩说：“为了让你方便收啊。”当然，这个比起列举反例法，已经属于下策，不值得推广。反诡辩的方法还有很多，比如澄清因果法和注解法，等等，这些需要大家善于从生活中去发现。再次警醒大家，不要让诡辩把自己带入死胡同。比如有人称赞某某：“某某的优秀是毋庸置疑的。”谁知某某听了很不高兴，说道：“毋庸置疑？说明他是在质疑我之后，才发现我毋庸置疑的咯。”就像男女吵架，男的说：“我还是放不下你。”女方听了也不高兴，说：“你是想过要放下我，才觉得放不下的吧。可见，你想过要放下我啊！”这些在逻辑上都说得过去，可是，其杀伤力也显而易见。

第三节　原著选读：又见奇书

据《汉书·艺文志》记载，《公孙龙子》原本有14篇，扬雄《法言》中曾有“公孙龙诡辞数万”，但是，流传到今的不过六篇，共计三千一百多字，可见原本已大部佚亡。现存6篇之中《迹府》是后人辑成。虽然《公孙龙子》只是区区的三千言，比《老子》的篇幅还小。但是，由于他诘曲聱牙、“错乱甚多”，所以，比较难读。有人因此称之为“奇书”，本书介绍了许多奇书，故曰：又见奇书。

初次翻开《公孙龙子》，会有目眩的感觉。之前的几本奇书还可以比作食物，但是，《公孙龙子》已经跃出食物界了，它简直就像一个桃花阵。许多相同的文字，不同的组合，就像一棵棵桃树在周围绕来绕去，使人眼花缭乱。如果没有一点功底，实在是难以对付。

之前一再提到“白马非马”论，现在让大家见识一下《白马论》的原文：

1. **桃花阵一——《白马论第二》节选**

“白马非马”，可乎？

曰：可。

曰：何哉？

曰：马者，所以命形也；白者，所以命色也。命色者非名形也。故曰：“白马非马。”

曰：有白马不可谓无马也。不可谓无马者，非马也？有白马为有马，白之，非马何也？

曰：求马，黄、黑马皆可致；求白马，黄、黑马不可致。是白马乃马也，是所求一也。所求一者，白者不异马也，所求不异，如黄、黑马有可有不可，何也？可与不可，其相非明。如黄、黑马一也，而可以应有马，而不可以应有白马，是白马之非马，审矣！

曰：以马之有色为非马，天下非有无色之马。天下无马可乎？

曰：马固有色，故有白马。使马无色，有马如已耳，安取白马？故白马非马也。白马者，马与白也。黑与白，马也？故曰白马非马业。

曰：马未与白为马，白未与马为白。合马与白，复名白马。是相与以不相与为名，未可。故曰：白马非马未可。

解读：首先，许多人都会被《白马论》里面大量的“马”字给弄晕。这就是为什们我说《公孙龙子》像桃花阵一样。不过，若能换一种心情，权当欣赏桃花朵朵开，一朵一朵去欣赏，终将豁然开朗。

原文的大意是：

问：“白马不是马，对吗？”

答：“对！”

问：“为什么呢？”

答：“因为马是对物形方面的规定，而白马是对颜色方面的规定，二者的规定是不同的，所以白马与马也是不同的。”

问：“那么，您说过有白马，就不能说无马。既然不能说无马，那么白马不就是马吗？既然有白马称作有马，那么，为什么白马就不是马呢？”

答：“如果要有马，黄马、黑马都可以；如果要白马，黄马、黑马就不可以了。假如白马是马，那么，要求得到马和要求得到白马就一样了。但是，如果白马和马一样，为什么有黄马、黑马可以说是有马，却不能说是有白马呢？这就明显地说明了要求得到马和要求得到白马是完全不同的两件事情。所以，你有一匹黄马或黑马，你可以说自己有马，却不能说自己有白马。所以，白马不是马，这是再清楚不过的道理了。”

问：“照你的意思看来，马有了颜色，就不同于马了？可是，世上的马都有颜色，难道世上有颜色的马都不算马了？”

答：“马本来就有颜色，所以才会有白马。如果马没有颜色，那么，马就是马本身，怎么能说它是白马呢？规定马是白色，就与马本身有区别了。所以说白马非马。马是不受‘白’限定的马，白是不受‘马’限定的白，把‘白’与‘马’两个概念结合起来就是白马。如果称白马为马，就不需要用那么多限定词，所以，说白马是马，是不对的。”

《白马论》是公孙龙的成名之论，也是原始的逻辑学说的核心命题。《公孙龙子论疏》中说：“它开创了古代逻辑学由‘正名’主义的政治逻辑向纯思维的逻辑科学方面发展的新局面。与此同时，公孙龙亦继承发扬了古代学术‘经世致用’的优良传统，在逻辑化、抽象化的字里行间仍隐约闪烁着‘正名实而化天下’的政治色彩！”白马非马，实际上不是无聊的概念游戏，而是有所批判，它针对的是当时有人求马，必求“不黄不黑”的白马。

2. 桃花阵二——《指物论第三》节选

物莫非指，而指非指。

天下无指，物无可以谓物。非指者天下，而物可谓指乎？

指也者，天下之所无也；物也者，天下之所有也。以天下之所有，为天下之所无，未可。

天下无指，而物不可谓指也。不可谓指者，非指也？非指者，物莫非指也。

天下无指而物不可谓指者，非有非指也。非有非指者，物莫非指也。物莫非指者，而指非指也。

天下无指者，生于物之各有名，不为指也。不为指而谓之指，是无部为指。以有不为指之无不为指，未可。

解读：《指物论》是阐明“指”与“物”之间关系的理论。

“指”在本文中指物的属性。其中有句“而指非指”，说明“指”在文中起码有两个意思。我们可以借用语言学家索绪尔的理论，来理解这两个“指”的差异。

索绪尔是瑞士语言学家，后世称其为“现代语言学之父”。他说：“语言符号是概念和音响形象的结合。然而，在日常使用中，语言符号这个术语一般只指音响形象，结果让部分要素包含了符号整体。为了避免出现这种混淆，我们建议保留用符号这一词表示整体，用所指和能指分别代替概念和音响形象。”

这里出现了“所指”与“能指”，对照我们的《指物论》来看，“指”有“所指”与“能指”两种。“所指”也就是我们文中说的物的属性，而“能指”是物。总之，所指不同于能指。虽然，索绪尔的语言学和《指物论》不是完全吻合，因为索绪尔还用了一个“符号”的概念来表示整体，也即《指物论》中的物。而《指物论》中，其实也是在讨论“名实关系”，没有索绪尔分析得那么细致。不过，《指物论》作为古老的纯逻辑理论，其年代更加久远。可惜，中国人向来注重实用主义，没有将其发扬光大。否则，我国的“索绪尔”恐怕要比瑞士的“索绪尔”早些出现。

原文的大意是：

天下万物没有一个不是由物的属性来表现的，但是，物的属性并不等于物本身。

如果天下没有物的属性，物便无法表现其为物。物的属性不同于物，因为世上如果没有物，又哪来物的属性？

物的属性不是世上独立存在的东西，而物却是世上客观存在的东西，把不是独立存在的物的属性，当做客观存在的物本身，是不对的。

世界上如果没有物的属性，那么，物就无从表现。而物无从表现，就不能被人们所认知。既然脱离了物的属性，物就不能被人们所认知，那么，物就都是由物的属性来表现，而为人所认知的。

既然，世上如果没有物的属性，物就无从表现，那么，可见世上就没有不被物的属性所表现的物了；既然世上没有不被物的属性所表现的物，那么，物就都是由物的属性来表现的了。由此可见，物都是由物的属性来表现的，而物的属性，却并不等同于物本身。

世上之所以没有独立存在的物的属性，是因为物都有各自的名称，但是，物的名称又不等于物的属性。（这就接近索绪尔的能指与所指了。物的名称在这里就是能指，而物的属性是所指。）物的名称虽然不反映物的属性，但是，却应包含物的全部属性。所以，反映物的名称并不等于物的属性。因此，把物的名称当做物本身也是不对的。

关于物本身，索绪尔给了它一个名称，叫做“符号”，只有“符号”才能表示物的整体，而“能指”与“所指”表现的都是物的局部。

3. 桃花阵三——《坚白论第五》

曰：目不能坚，手不能白。不可谓无坚，不可谓无白。其异任也，其无以代也。坚白域于石，恶乎离？

曰：坚未与石为坚，而物兼未与为坚。而坚必坚其不坚。石

物而坚，天下未有若坚，而坚藏。

白固不能自白，恶能白石物乎？若白者必白，则不白物而白焉。黄黑与之然。石其无有，恶取坚白石乎？故离也。离也者，因是。

力与知果，不若，因是。

解读："坚"与"白"都是石头的属性，是通过人的不同的感官而获得的。"坚"是通过触觉获得的，"白"是通过视觉获得的。公孙龙认为"触坚而离白，见白而离坚"。他的用意是在强调，"由于感觉不能同时兼得，这就容易产生顾此失彼的认识片面性。其二，感性认识只能认识'个别'，而不能认识'一般'，要认识一般，就要在感性认识基础上进而上升到理性认识"。

原文的大意是：

问：眼睛看不出坚硬，手指也不能知道白色。（由于感官的局限）不可以说没有坚性，也不能说没有白色。因为不同的感官有不同的职能。而它们之间又不能相互取代，坚与白是石头的两个属性，融合在石头当中，怎么能将它们分离呢？

答：坚性不但在石头中存在，在一切具有坚硬特征的事物中都是存在的。虽然不知道石头的坚硬，但并不妨碍坚性的普遍存在。坚硬作为一种普遍性时，并不因为个别事物的坚硬与否而转移，因为世上除了个别事物的坚硬之外，如石之坚，坚硬还隐藏在其他具有坚性的事物当中。

作为普遍性的白，它不是一个独立存在的物质实体，所以"白固不能自白"，它怎么又能让石头发白呢？如果"白"能自我显现为白色，那么，他就不必依附在其他事物身上，而显示出其是白色了。黄色、黑色也是如此。如果连具体的石头都没有，哪里会有“坚白石”呢？所以普遍性与特殊性既有联系，又有区别。

“力”指感性认识，“知”指理性认识。二者相比较，感性认识不如理性认识深刻而全面。因为只有“知”才能认识事物的共性，而“力”只能认识事物的个性。